合いがあります。

とまあ、こんな環境で日々暮らしていることもあって、私はいつも考えています。

「起業とは何だろう?」と。

そしてさらにもうひとつ。

「なぜ、もっと多くの人間が、起業を目指さないのだろう?」と。

なぜ、私がそう思うのか。

それは自分の周りの起業家たち、そしてなにより自分自身の仕事を振り返ってみて、起業して会社を立ち上げ、成功をものするほど楽しいことはない、と実感するからです。

こんな楽しいこと、そして成功すれば社会に役立つことを、もっと多くのひとにやってほしい。

そう思って書いたのが本書です。

そう、タイトルが表すとおり、本書は起業人生の素晴らしさを説く「起業おすすめ本」です。

いままでの日本では「起業」という道を選ぶひとは、どちらかといえば例外的な存在でした。学校を卒業したあと、どこかの会社に入り、サラリーマンとして一生をすごす。そんなひとたちが大半を占めてきました。

「当たり前だろう。そんな簡単に起業なんかできるわけないじゃないか」

まえがき

皆さん、こんにちは！　ネットエイジグループの西川潔です。

私が1998年に創業したネットエイジは、インターネットビジネスの事業育成会社、いわゆる「インキュベーター」です。ネットベンチャーを次々と世に産み出すのをお手伝いするのが仕事です。その後2004年に持ち株会社になり社名もネットエイジグループとなりました。

私は数多くのベンチャーが産声を上げる瞬間に立ち会ってきました。

起業したばかりの外部の会社に投資もしていますから、そういった会社を立ち上げた起業家の方と株主の立場でお付き合いもしています。

また、私の会社ネットエイジに入社したひとたちのなかには、将来起業家になることを目指し、自分のビジネスアイデアを社内で実現し、スピンオフして起業家になった仲間が何人もいます。

さらに、私自身が起業家ですし、日本のネットベンチャーが注目を浴びるきっかけとなった「ビットバレー構想」の発案者でもありますから、たくさんの有名無名の起業家たちとのお付き

起業は楽しい！

21世紀ニッポンの起業家人生入門

株式会社ネットエイジグループ創業者/代表取締役社長

西川 潔

日経BP社

そうおっしゃる方もいるかもしれません。

たしかに、起業するのはサラリーマンになるのとはわけが違います。かんたんな仕事ではありません。

しかし、もしあなたが実は「起業家に向いている人間」だったとしたらどうでしょう。

ほんとうは起業の才能があるにもかかわらず、きっかけをつかめず、あるいはそもそも起業する気がまったく起こらず、結果として起業せず、一生を終わる――。これはあなた本人にとってはもちろん、あなたが起業した会社が存在したかもしれない社会にとっても、非常にもったいないことなのです。大いなる機会損失なのです。

もちろん、起業にリスクはつきものです。特に30代の「失うものが多い」優秀なビジネスパーソンほど、「起業しよう」と決断するのはなかなかむずかしい。

そこで本書では、段階を踏みながら、起業への道へ読者の皆さんをいざないます。

まず、起業家とはどういう人間なのか?

起業家になるにはどんな資質が必要なのか?

起業にあたってはどんなリスクがあるのか?

起業が成功すれば、どんな喜びを手にできるのか？

起業の道へ足を踏み出すにはどんな決断が必要なのか？

……答えはすべて、本書の中に書いてあります。


それから、ご存知ですか？

起業家の立場から見るとここ5年ほどで日本のマーケットは大きく変わりました。

ベンチャー企業むけの株式市場が新設され、紆余曲折はあったものの、すっかり定着しました。

その結果、起業に欠かせない資金調達方法が多様化しました。

端的に言うと、優秀なビジネスパーソンがリスクをコントロールしながら独立し、自らの会社を立ち上げ、比較的短期（創業後5年程度）で株式上場する、ということが現実となったのです。

90年代半ばまでの日本では考えられないことでした。起業にカネを出してくれる投資家は限られており、資金調達はもっぱら銀行からの借り入れが中心でした。短期間で起業し、そのうえ上場するというのは夢の夢でした。

それがいまでは、知恵と勇気と仲間と運があれば、本格的な起業のシナリオを米国並みに短期間で組み立てることができるようになったのです。

けれどもこの起業環境の大変化を知るひとは、当の起業家たちを除くと、まだまだ少ないのが現実です。

あなたが考える以上に、今の日本は「起業に適した市場」なのです。


本書は3部構成にしました。

第1部は立志編です。あなたが起業を決心するために必要なことを書きました。「はじめ」がなければ次はありません。最初の第一歩を踏み出すのは大変です。とりわけ起業を決心するのはとても難しい。

そこで私自身の起業経験にもとづき、読者の皆さんご自身がさまざまな角度から起業の意義をきっちり理解できるよう、具体的に記しました。

起業家という仕事の楽しさ、スリル、リスク、そして起業人生の実態をこれでもかこれでもかと繰り返し描写しました。やや重複したところもありますがご容赦を。あなたが「起業しようか、どうしようか」と迷っているなら、そのくらい繰り返して「洗脳」することが必要だ！　と思うのです。

第2部は実践編です。日本における起業をとりまく環境はこの5年で劇変しました。端的に言えば、以前は一匹狼のアウトロー型の起業家が多かったのですが、ここ数年、一般のビジネスパーソンから起業家へ転身するひとが増えています。

先に記したように、投資家から大型資金を調達し、株式公開を視野にいれて起業することが以前に比べ非常にやりやすくなったのです。アメリカなどでMBAを取得したビジネスパーソンの食指が動くような環境が急速に整備されたのです。

この環境変化の実態をぜひ知っていただきたい。

そこで第2部の実践編では、新しい時代の新しい起業のありかたをステップバイステップで解説します。

第3部は私の起業ストーリー編です。私が自分の会社をいかにスタートしたか、そして、世間で注目を集めた（あるいはお騒がせした?）「ビットバレー」のことを書いてみました。多少、私の会社の宣伝もさせていただいております。

この本が、皆様の起業家人生へのきっかけとなり、また、我が国の起業家精神の高揚、ひいてはそれに繋がる起業家主導経済による日本の活性化にすこしでも役立つことを願って上梓します。

ようこそ、素晴らしき起業家ワールドへ！

21世紀5年目の春に

株式会社ネットエイジグループ　創業者

西川　潔

目次

扉絵：Bit Valley Map Tokyo
地図製作：三幸エステート株式会社

第1部

起業は楽しい!

立志編

第1章

キャリアプランのひとつとして、「起業」という道を考えてみませんか？

本書のタイトルに惹かれて、この本を開いているあなたは、きっと、心のどこかに起業願望を持っているひとだと思います。

つまり、あなたは、潜在的起業家予備軍の一人ですね。

今のあなたは、会社の将来に希望の持てない才気あふれる若手ビジネスパーソンか、矛盾に満ちた官庁の世界に嫌気のさした官僚の卵か、サラリーマンなんてなりたくないと思っている学生さんか、リストラされて途方に暮れ、「ええい、思い切って自分で会社でも興してみるか」と考えた中年のビジネスマンか、重要な仕事をまかせてもらえず鬱々としている有能なキャリアウーマンか、いったん社会から引退したけど家庭だけでは全然面白くないと思っている主婦か——。

それとも、誰も気づかなかった素晴らしいアイデアを発見して、興奮しながら起業しようと思っているのだけれども、具体的な手がかりがなくて悶々としている起業家の卵でしょうか?

いずれにしても、この本を手に取ったということは、あなたの心のどこかに必ず「起業」への意志が潜んでいる、はずです。

私自身、大学を卒業してすぐに起業したわけではありません。起業願望の「潜伏期間」が何年もあり、実現に時間のかかった人間です。

ですから、「起業がしたい、でも今はまだちょっと……」と思う皆さんの気持ちがよくわかります。

こうした「潜伏期間」時代、私は、ひたすら悩んでいました。

「起業はしたいが、具体的にどうすればいいのだろう」

「起業した後は大丈夫だろうか」

そして、チャンスをみつけ、ようやく踏ん切りをつけて起業し、今は何とか7年目を迎えています。そしていま、心底思います。

起業してよかった!

あえていうならば、もっと早く決断して起業していれば、さらによかった——そう思うくらいです。誰かに背中を押してもらえれば、あと2年、いや5年早く起業していたかもしれないな、と……。

そんな私の〝反省〟を踏まえて、この第1部では、起業願望を持つあなたの背中をポンと押すことにいたします。

●キャリアプランの描きにくい時代

戦後、日本人が理想とする人生における職業シナリオ、いわゆる「キャリアプラン」の選択肢は非常に限られていました。

つまり、なるべく良い大学を出て、なるべく安定した良い大企業に入り、なるべく良い地位につき、できれば部長、あわよくば役員になり、定年まで大過なく過ごし、その後は子会社の役員か社長を数年務めて晴れて引退。あとは退職金と年金をもらって悠々自適。

これが戦後一貫して平均的日本人が抱いてきた「望ましい」キャリアプランだったのです。

しかし、現在、どれだけのひとがこのようなキャリアプランが理想だと信じているでしょうか？（いまだに親の世代ではこのようなプランだけが理想だと頑なに信じているひともいます。そういう親をもった子にとっては困った話ですね）

いや、そもそもの話、もはやこうしたキャリアプランに乗って平穏無事に一生を過ごそうにも、そうできない現実があるのです。

戦後長く続いた日本の高度成長時代の終焉は容赦なく企業人事におそいかかりました。リストラという名のもと、人減らしや正社員数抑制がどの企業でもあたりまえのご時世です。企業が存続するためにはしかたないのです。仕事内容・報酬・世間体の三拍子そろったポストなどは非常に限られます。

ひとを大切にするといわれていた優良企業ですら、ひとりひとりのキャリア人生の満足度まで保証する余裕はとっくになくなりました。まさかと思う著名大企業さえ、倒産したり他企業の傘下にはいって冷遇されるのが当たり前の世の中です。

定年前のサラリーマン現役時代ですら、こうしたリスクがたくさん転がっている時代です。まして、定年後の世話を会社が見てくれる保障はどこにもありません。その上日本人の平均寿命は飛躍的に伸び、いまやダントツの世界一。会社人生以降の長い長い人生プランを空白のままで定年をむかえて茫然自失としているひとも大勢いるのです。

こんな時代に、大学→大企業→出世→引退→悠々自適の老後、といったプランだけを信じているとしたら、よほど時代認識の乏しい「おめでたいひと」といわざるを得ません。

一方、いろいろな面で自分は優秀だと自負し、自己信頼が厚く、自信に満ちたひとほど、「私は自分の人生は自分で切り開いていくぞ」という気持ちが強い。いま現在、企業に所属しているひとにもこうしたタイプの方たちはいるはずです。

けれどもだからといって、どうすれば「自分で道を切り開けるのか？」、見当がつかず迷っている。そんなひとたちが大半ではないでしょうか。

そこで、日本企業から完全実力主義の外資系企業などに転職し、より自分にふさわしい舞台を見出そう。そう考えるひともいます。実はかくいう私もその1人でした。

自分に自信のあるひとほど、型にはまった人生を嫌悪します。「いま自分がいる企業は平均的にみれば、とてもいい企業。しかしそこに安住していていいのか？」という具合に。けれども、そこで考えは堂々めぐりし、悶々としてしまう。

こうした自信にあふれるひとにとって、高度成長時代の典型的キャリアプランに代わる、目指すべきプランとは何なのでしょうか？

誰もが迷い、誰もが模索しています。少なくとも誰もがおなじく一律に目指すような理想のキャリアプランは描きにくい。それが現代です。だからこそいえることは、今までの世間の常識を鵜呑みにせず、徹頭徹尾、自分自身の内なる声に向き合い、自分自身を観察し、そのうえで世の中をリアルに見渡し、「私は、なにをしたいのか？」、その答えを自分の力で出すべきです。

そこで、私からの提案です。

あなたのキャリアプランの選択肢のひとつに「起業家」という道を加えてみませんか？ いってみれば、「自分が心底したいことを自分のリスクで事業化する」道です。

さあ、これが起業家というキャリアの出発点です！

世の中あげて「起業家よ出てこい！」の大合唱

いまや、国も起業家の出現を待ち望んでいます。

経済産業省傘下のベンチャーエンタープライズセンターが、ドリームゲート（http://www.dreamgate.gr.jp/）という起業・独立を目指すひとの支援サイトを開設しています。ご存知の方もいらっしゃるでしょう。

ドリームゲートは、プロデューサーにリクルートの起業雑誌『アントレ』の野村滋前編集長をスカウトし、宣伝にはなんとあのK-1のボブ・サップまで使って、かなり派手にやっています。助成金を含む全体の予算も相当つけているようです。

後の章で詳しく述べますが、起業家は資本主義に不可欠な存在です。特に目下の日本社会は起業家を渇望しています。だからこそ、なおさら「我こそは！」と思う自信のあるひとには起業の道に挑んでほしいのです。これほどまでに、世の中から「ぜひ起業家になってくれ」という声が盛り上がっているのです。

●「起業家になる」という道は現実的か？

起業へのキャリアプランとは、いまの状態を基点として、何年後かに自分の望む事業アイデアで自分の会社を実際におこすプランを描き、それを実行することです。

「起業家？　自分で事業を興す？　大変そうだなあ、それにまだ自分のビジネスアイデアもないよ」

そう思うひともいるでしょう。

けれどもよく考えてください。一度かぎりの人生です、大いに充実させたいですよね。そうなら、起業家になることを、一度は真剣に考えないと、もったいないとは思いませんか？　あなたには、もしかしたら起業家にふさわしい資質、ふさわしい資格があるのかもしれないのです。

人生は意志次第でどうとでもなります。なろうと強く決意すれば、必ずなれるのです（この言葉を素直に信じられるかどうかも起業家になれるかどうかの試金石です)。そしてなった暁には素晴らしい人生が待っているかもしれません。

改めて考えてみましょう。

起業家とは、はたして本当にそんなにハードルが高いものなのでしょうか?

サラリーマンより起業家の道を選ぶほうが、本当にリスクが高いのでしょうか?

仕事におけるほんとうのリスクとはどのようなものでしょうか?

起業家のうまみとつらさとはなんでしょうか?

次章から、これらの質問に答えていきます。そして第1部を読み終えるころには、「私も起業してみよう!」という想いがあなたのなかにふつふつと沸きあがってくるはずです。

第2章

起業は最高の自己表現手段だ

起業に対して、みなさんはどんなイメージを抱いているでしょうか?

これまで日本では、多くのひとが、起業=「危険な行為、リスキーな道」と連想してきました。たとえば、一流大学を出て一流企業に就職し、ただいま「エリートコース」猛進中というひとが、あえてそのコースから外れ、何ら成功の保証のない「起業コース」に乗り換えるという行為は、とてつもなく無謀に思えるかもしれません。

親は嘆くし、周囲からは「あいつ、おかしくなったんじゃないか?」と呆れられる——。十分想像がつきますね。

起業=ハイリスクのイメージがありますから、起業家に対しても、リスクテイカーのイメージがつきまとっていました。成功すれば豪邸住まい、失敗すれば借金抱えて夜逃げ……、そんな浮き沈みの激しい人生を連想するひとは決して少なくありませんでした。

その一方で、起業家に対して実態以上に派手な印象を抱く向きも多いようです。

たしかに大成功した起業家は有名になり、いろいろなメディアから取材を受け、〝スター〟のような存在になります。

たとえば楽天の三木谷浩史さん、ライブドアの堀江貴文さんは、2004年のプロ球団参入合戦を契機にいまやビジネスの世界はもちろん、国民的にも超有名になりました。

起業はありふれた職業選択のひとつ

たしかに起業すると、典型的日本人が歩んできたサラリーマン的人生コースのような筋書きが一切ない人生を歩むことになります。

しかし実際のところ、起業とは、基本的に営々と努力し続けなければならない非常に地味な仕事です。

米国をはじめ日本以外の多くの国では、起業はいくつかある職業の選択肢のひとつと認識されています。極端に言えば、サラリーマンになるのも、起業するのも、仕事を選ぶという観点では等価なのです。

中国では、他人に雇われるサラリーマンとして働くのは将来独立するための準備だと考えているひとが多いそうです。米国でも「自分のボスは自分」というライフスタイルを好むひとが多く、日本と比べると起業率は非常に高い。元来、開拓者精神のあるお国柄ですから、当然かもしれませんが。

日本でも、分野によっては起業家をたくさん輩出しています。飲食業やヘアサロンなどがいい例です。有名店に就職したのち、腕を磨いて独立を夢見るハングリーな若者が大勢います。

実は、起業意識が一番低いのが安定した大企業の社員たちです。いわゆるサラリーマンの方々です。私もかつてはその一人でした。

そして——、本書を手に取った読者の方のなかにもこの「大企業社員」に当てはまるひとが、けっこういらっしゃるのではないでしょうか？

まず、そんな大企業社員の方々に意識を変えていただきたい。

どう変えてほしいのか。簡単です。起業とは特殊な行為でもなんでもない、と認識していただきたいのです。

それが起業の出発点です。

優秀なビジネスパーソンが起業に向かうとき

大企業にいる優秀なビジネスパーソンである〝あなた〟は、おそらく社内でも出世が早く、人望も厚く、将来を嘱望される存在でしょう。そこまで優秀でないという方も、多くの場合、当面クビになる危険性は迫っていないでしょう。

となると、いまさらリスクをとって起業しようと思い立つ人間はなかなか出てこない——。これが日本の大企業社会から起業家がなかなか生まれない大きな理由です。

では、そんな安定した状況をあえて打破してまで、ビジネスパーソンが起業する意義はどこにあるのか?

それは、「人間、やりたいことをやるのが一番自己充実感を覚えるから」です。

起業家として成功することは、ビジネスの世界における究極の自己実現の手段なのです。

世の動きに敏感な優秀なビジネスパーソンならば、自分の職務経験の中から新たに「やりたい!」と思うビジネスアイデアを見つけることが多々あるはずです。あるいは、偶然出会ったひとたちとの付き合いのなかからものすごいビジネスチャンスを発見し興奮することだってあるかもしれません。

技術者の方ならば、独自に発見した技術を使って世の中にインパクトを与えるビジネスを実現できるのではないかと夢想することもあるかもしれません。

その思いが強いと、この夢想がしだいに情熱＝パッションに変わっていきます。にもかかわらず、いま所属する会社の中ではすぐにそのビジネスを実現できない――。そんなときです。ひとは「独立して、この手で事業化できないだろうか？」と起業を意識するようになり、葛藤が始まります。

会社勤めのビジネスパーソンの場合、起業という選択肢を最初から思い浮かべる方は少数派でしょう。しかし、どうしてもそのビジネスを実現したい、という思いがあまりに強くなると、ひとはそこで初めて「起業」を連想します。そして、実際に起業の方法論を探り、会社設立までのメカニズムを知ると、「これなら自分にもできる」と悟ります。さらに世間体などの心理的バリアを克服しある臨界点を超えると、実際に起業を決意する……。

これがビジネスパーソンから起業家に転進するひとの典型的なパターンです。

不完全燃焼の人生で満足ですか？

これに加え、最近のビジネスパーソンの起業動機には、新しいパターンがあります。

いまの日本では、たとえ大企業や官庁に勤めていてもかつてのように安定した人生設計を描きにくい。結果、半ば必然的に起業へと向かう——そんな「裏の動機」を持っているひとが起業を目指す方々のなかに増えたのです。

戦後からバブル経済がはじけるまでの高度成長時代には、経済の発展とともに企業も大きくなりポストも増え続け、多くの人々が充実したサラリーマン人生をまっとうできました。忙しくも充実した「会社人間の時代」だったと言えましょう。

しかし、バブル崩壊を境に時代は変わりました。

日本経済は完全に低成長時代に入り、会社とサラリーマンを取り巻くさまざまな「常識」や「前提」が崩れ始めました。

たとえ雇用はある程度保証されていても、守りの仕事、後ろ向きの仕事ばかりで日々が楽しくない。その結果、自分のなにかが腐っていく——そんな不安を持つひとは少なくありません。

いま、あえて「優秀なサラリーマン」という地位をなげうって起業するひとたちの多くが、人生の不完全燃焼状態を避けたい、という動機を胸に秘めています。働き盛りであるはずの30代で不完全燃焼状態、というのは当人が不幸なのはもちろん、経済の観点から国家的損失とも言えます。

大企業や官庁で働く機知に富むアイデアマン的な人材は、とかく「やりたがりや」的なひとが多い。「こうすればいいのに」「ああすればいいのに」とアイデアがどんどん浮かびます。が、組織の中ではなかなか実行できない。大企業や官庁特有のヒエラルキー、前例踏襲主義、悪平等ともいえる報酬体系、そういったものに嫌気がさしてきます。

「こんな道理の通らぬ組織はいやだ。大空に自由にはばたく鳥のように生きたい」と夢想し始めたら、それが起業願望の芽生えです。

そうです。自由にやりたいのです。

起業家人生は、自由へのあこがれでもあります。自由と引き換えに目の前の安定を捨てるわけです。

もはや、いかなる大企業にも中長期的に見れば安定などありません。そう悟れば、起業も怖くなくなります。実際、本書を読み通せば、起業家のリスクとは無闇に大きいものではなく、管理可能である、ということがわかるはずです。

起業に適齢期はない、思い立ったらいつでもできる!

「結婚適齢期」という言葉は、現在死語になった感がありますよね。では、起業に適齢期はあるのでしょうか。答えは「NO!」です。

事実、19歳でマイクロソフトを立ち上げたビル・ゲイツや、24歳で日本ソフトバンク(現ソフトバンク)を設立した孫正義さんのようなひとから、65歳でケンタッキーフライドチキンを起業したカーネル・サンダース人まで、さまざまな年齢で起業したさまざまな起業家がいます。名古屋に高校生起業家の家永賢太郎君が登場するなど、日本でも起業の年齢幅は非常に幅広くなっています。

ただし、一般的にいえば、25歳から35歳の10年間がもっとも起業しやすいでしょう。

なぜでしょうか。それは起業が非常にエネルギーの要る人間業《わざ》だからです。よって、エネルギーに最も満ち、社会に出てある程度の仕事の経験もあるこの10年くらいが、あえていうならば〝起業適齢期〟です。

それから……、結婚して所帯を持つ前のほうが、起業にあたって何かとスムーズに話が進む、というのも事実です。なにせ、配偶者の合意が必要ありません。身ひとつなら仮に失敗しても食べていくのはなんとかなります。

逆に、「35歳、妻子・住宅ローンあり」という立場だと起業のハードルは高くなります。起業において、まず覚悟しなければならないのは一時的な収入の激減ですから。

この収入の問題は、大きなハードルです。ちょっと詳しく説明しましょう。

起業家は、自分が創業者ですから年収は自分で決められます（ただし、ベンチャーキャピタルからの資金調達後は、社外取締役が「報酬委員会」を形成して、お手盛りを防ぐスタイルもあります。むしろその方がまともと言えます）。

しかし、必死で集めた創業資本金は、１円も無駄にできません。よって、社長自ら生活を「平時」から「戦時」体制にし、年収を生活の必要最小限にセットする必要があります。特に創業直後は、集めた資金は減る一方です。そんなとき、自分が高い報酬をとるようでは、倒産リスクを高めるだけです。

私の場合、ネットエイジを創業した直後は年収をサラリーマン時代のほぼ半分に設定しました。妻も子供もおりましたから、ちょっと勇気が必要でした。この点に関しては若い起業家ほど有利ですね。私のまわりでも、月収20万円でスタートした20代の起業家たちをよく見かけます。

「ベンチャー企業の社長＝高収入」というのは成功したあとの話です。創業直後からしばらくはむしろ収入減が普通です。

あなたに、年収を大幅に減らす覚悟はありますか?

「自分はいいが、そんなの妻が納得・賛成しない」とあきらめるひともいるようです。妻に自分の起業人生のロマンを伝えきれなかったということなのでしょうが、そういうひとは起業に縁がなかった、としか言いようがありません。

ひとつ言っておきますと、年収が減っても案外大丈夫なものです。

というのは、起業には集中してエネルギーを投じなければなりませんから、そもそも遊ぶ暇などないからです。

起業そのものが最大の楽しみなのですから、その他の〝お楽しみ〟は我慢する……それくらいの克己心を持てば、年収減も乗り越えられます。

最近では、定年後に起業するシニア起業家層も増えています。実際、子供が独立し、年金ももらえるような立場ならば、蓄えや生活に必要な定収入のめどを考えると、若いひとよりシニアの方が有利な点がけっこうあります。あとは気力・体力の問題ですね。

女性起業家も目立ってきました。結婚している方ならば、夫の定収入がある場合、リスクを取りやすい、という面があります。その一方、独身で成功した女性起業家の唯一の悩みは、釣り合う結婚相手探し、と聞いたことがあります。

さらにキャリアウーマンの妻がいる夫が、彼女の定収入をあてにして思い切って起業する、という「逆玉」型の起業家も見受けられます。

●学生ベンチャーについての私の意見

学生結婚が存在するように、「学生起業」も最近では増えました。

私が大学時代をすごした70年代終わりから80年代頭にかけて、卒業後すぐに起業する、あるいは在学中から起業する、という人間はほとんどいませんでした。

それが今では、学生が就職せずいきなり起業する例がかなりあります。起業家予備軍の学生となるとさらに多いでしょう。

では、学生ベンチャーははたして是か非か。

私は否定も肯定もいたしません。実際学生ベンチャーから大成功したひともいますから。

ただ、本人の力量からして明らかに無理というひとには、お勧めしません。実社会での経験ゼロで会社を立ち上げるのは、けっこうきついからです。

仮に大企業に入る力があるのならば、まず大企業に入社して企業内の力学を体験してみる。その経験は、後に起業するときそれなりに役立つはずです。

もっといいのはベンチャー企業や小規模企業に入ってみることです。組織が小さいほど、経営者にも近い立場で仕事ができますし、会社組織全体がどう動いているかも見通しやすいからです。重要な仕事が回ってくるタイミングも大企業より早くなります。

ただ、ベンチャー企業はまさに玉石混交、「まともじゃない」ところも多くあります。学ぶより消耗するだけの職場も少なくありません。

それを見極めるのは学生にはなかなか困難ですが、売上成長率など客観情報は事前に手に入るはずです。またベンチャービジネスの交流会などに出席して情報を収集していけば、どのベンチャーに勢いがあるのか、社内事情もある程度はつかめます。

学生の方にひとつ忠告しておくと、急成長中の会社は、社内体制が未整備で、残業も常態化し、有給休暇などの制度は有名無実化しているところが多い。大企業とはなから違います。社会人になってアフター5を楽しもう、という発想のひとには向いていません。起業家を目指してベンチャー企業に就職するならば、目先の〝お楽しみ〟はあとに取っておきましょう。

それから、転職を恐れないこと。就職した先が、大企業にせよ、ベンチャーにせよ、いざ入社したものの自分の成長に役に立たない場所と判断したならば、さっさと転職する。そのくらいの割り切りが必要です。

いずれにせよ、起業するまでの会社員人生は、本人の自覚次第ですべての経験が何かしら起業後に役立つはずです。

第3章

起業はほんとうに楽しいの？

結論からいいます。

本書のタイトルに偽りはありません。

起業は楽しい！（つらいこともありますが……）

これに尽きます。

こんなに楽しいのにどうしてみんな起業しないんだろう？

そう思うくらい、起業は楽しい。

なのにこれまで誰も「起業は楽しい！」といわなかったのは、こんな楽しいことは自分だけで独占し、ひとに隠しておこうという起業家たちの陰謀なのかもしれません（笑）。

しかし、なにごとも十人十色。あるひとには楽しいことが別のひとには苦痛そのものだったりします。

では、あなたにとって、起業は楽しいでしょうか?

起業の楽しさの真の「味」は、実際に起業したひとにしかわかりません。だから起業したことないひとにその楽しさを説明するのは一苦労なのですが、あえてどこが楽しいか、説明しますと――。

起業は楽しい! 10の理由

①自分のビジネスアイデアが形になり、実際にお客さんに売れ、よろこばれること。まさに起業家冥利に尽きる瞬間です。起業家の自己存在証明ともいえるものです。

②万事、自分でものごとを決められること。優秀なひとほど、組織の中で上司の指示にただ従って行動するのにいらいらします。「自分のボスは自分」であることのよろこび。これは「指示まち」を好むひとの対極にある感情です。逆にいえば、徹頭徹尾「自己責任原則」を貫く快感といえましょう。それを快感と思えるならば、起業家向きの性格です。

③苦労しながらも日々の多くのチャレンジを乗り越えていったときの達成感。

④誰からの制約もなく自由に動き回り、ビジネスを仕掛けていく面白さ。重要な岐路で自分の意思決定がうまくいった時のよろこび。
⑤会社の目標をクリアし、全員で祝うよろこび。
⑥株主にむくいてよろこんでいただくうれしさ。
⑦いろいろな計画が達成できるのは山登りでいえば登頂成功の充実感にあたります。
⑧起業家は実にいろいろなひととめぐりあいます。普段会えないようなハイクラスのひとたちとつき合えるよろこびもあります。
⑨事業が発展すればするほど自分の存在感が高まる意識を持てるよろこび。
⑩人生も会社もどんどん向上させていくぞ、と決意する高揚感。

あなたの努力とその成功に上限はありません。青天井の、なんともすがすがしい気持ちがあなたにわいてくるはずです。「よし、やるぞ!」と自分を奮い立たせる興奮がわいてくるはずです。起業家にとって、自分の事業は自己の分身です。芸術家にとっての作品と同じです。困難の末に事業が成功したときの充実感は何にも比較できないほど素晴らしいのです。

起業はツラいよ！　10の理由

もちろん、楽あれば苦あり、おいしいことばかりではありません。つらいことも普通のサラリーマンの何倍もあります。これは事実です。

10本ほど並べてみましょう。

①売り上げや利益が計画したほど上がらず、経営が不調に陥るとき。これはどんな起業家にもあります。
②予定していた契約・受注が直前でキャンセルされたとき。これもよくある話です。
③悪人にひっかかってだまされたとき。
④腹心と思っていた部下から裏切られたとき。
⑤責任のプレッシャーに押しつぶされそうになるとき。
⑥資金繰りがうまくいかずストレスがたまるとき。
⑦会社が傾き、そのまま倒産にいたるのではという不安感に襲われるとき。
⑧忙しさのあまり家庭をないがしろにし、そのしっぺがえしをうけるとき。

⑨ 睡眠不足でぶったおれそうなとき
⑩ あえなく倒産して、社員を解雇し、敗北感にうちひしがれるとき。

以上が代表的な、起業家の「つらさ、厳しさ」です。この「つらさ」の大半は、サラリーマンで安定した生活を送っていれば、おそらく経験しないですむことですね。

ドラマティックな人生を送れる! それ自体が大きな報酬

こうしたリスクも含め、起業すれば実に密度の濃い人生が送れます。それだけは保証できます。すなわち、ジェットコースターに乗ったようにアップダウンの激しい、シナリオのない、ドラマのような人生です。そんな人生を送れること自体が起業家にとって最高の報酬ともいえます。

起業家には定年もありません。定まったシナリオもありません。画家が白紙のキャンバスに自分の思うさまに絵を描いていく。こんな絵にしたいな、と思っていても、時代とともに大きく変わったりします。

まさにアメーバのように形を変幻自在に変えていくキャリアプランです。それが面白い！と思えるひとは起業家にむいています。そんな不確実なのはイヤだ！というひとにはむいていないかもしれません。

しかし多かれ少なかれ人生は筋書きのないドラマ。だからこそ他人まかせにせず自分で切り開こう！　もしあなたがそう思えるならば、私は自信をもってお誘いします。

「起業は楽しい！　あなたもやりませんか！」と。

さらにうれしいことがあります。優れた起業家の登場を、現下の日本経済は待ち望んでいるのです。成長性豊かなフレッシュな新興企業群が生まれ、21世紀の日本を引っ張っていくことが期待されているからです。

という具合に、起業すれば、自分の自己実現と日本経済への貢献というふたつを同時に達成できるかもしれないのです。

そして、成功した暁には、周囲から感謝されながら個人的な富の蓄積も実現します。まさに〝一粒で何度もおいしい〟のです。

「けれど、もし失敗したら？」という不安を持つひともいるでしょう。

もちろんです。繰り返しますが、起業にはリスクがつきまといます。リスクに対する正しい感覚をもち、リスクを一定の幅で管理するスキルが必要なのです。そして、最悪のケースに際しても対処できる用意をあらかじめしておけばいいのです。

一度失敗しても、再起を目指して起業するひとはいます。あなたが気力体力とも失わず、希望を捨てなければ、いくらでも生きていく道は見つかります。

なお起業のリスクについては第5章で詳しくお話しましょう。

さて、あなたにとって「起業は楽しい」と感じていただけたでしょうか? まだ、どっちつかずでしょうか?

では、ふんぎりのつかないあなたの背中を押すために、起業家ライフを別の面からのぞいてみましょう。

第4章

起業家とはこんなひとたちだ

起業家は特別な人間ではありません。とはいうものの、やはり絶対数で考えると、組織に勤めるビジネスパーソンに比べ、非常に数は少ない。ゆえに、成功した起業家と知り合いだ！というひとは限られているはずです。となると、多くのひとは、起業家が実際にどんなタイプの人間なのか、リアルには知らないわけです。そこで、自分ははたして起業家向きなのか？と悩まれるかもしれません。

そんなひとのために、ここで起業家の具体的なイメージを8つ挙げましょう。ここに挙げたイメージとあなたのキャラクターに重なる部分があれば、あなたは多分に起業家のDNAを持っているはずです。

①自分の事業アイデアに賭ける、ワクワク感のある社会革命家タイプのひと

起業という言葉から私が最初に連想するのは、「世の中にこんな商品、こんなサービスを提供したらきっと、お客さんに喜ばれるだろうな。いっぱい売れるだろうな」「こんなニーズがあるのに解決策がない。そこをなんとかして解決策を提供し、お客さんに喜んでもらいたいな」というワクワク感です。

さらに、自分の考えた新事業で業界全体、ひいては社会全体が大きく変えられるかもしれない！いや、変えたい！という、おおげさにいえば「革命家」のような大望です。

こうしたワクワク感に満ちた起業アイデアがあって、成功を目指し必死に努力しているとき、起業はよろこびと震えを伴う感動を当人に与えてくれます。

ライブドアがこんなに有名になる前、堀江さんと食事したとき、彼の構想の大きさに驚かされた記憶があります。「お前ホンキかよ？」と思わず聞きたくなるような革命的発想の持ち主です。

②ミッション＝使命感に燃えるひと

世の中はこうあってほしい、それに貢献したい、という何らかのミッションに駆られて起業する――。これも起業の王道です。起業のミッションとは、言い換えればその会社の存在意義です。

たとえば介護ビジネスのように、以前は営利目的で会社を立ち上げにくかった分野でも最近はどんどんベンチャービジネスが生まれています。

もちろん「儲かればなんでもいい」という起業だってあります。典型的なミッションのない起業です。けれども多くの場合、こうして起業した会社は長続きしません。なぜなら、その会社に集まってくるひとも常に損得勘定だけで仕事をしており、逆境に陥ると金の切れ目が縁の切れ目になって組織が成長しないからです。

ミッションを持った起業の場合、ひとはそのミッションに共感して集まってきます。多少のつらいことや危機があっても、ミッションの原点に立ち返り、ともに困難を乗り越えようとする団結力が芽生えます。だからこそ、生き残る起業家の多くはちゃんと自分なりのミッションを胸に秘めているものなのです。

ではどうすれば、ミッションを具体的に持つことができるのか。方法を教えます。

ぜひ、起業にあたってのミッションをはっきり意識し、紙に書き出し、創業メンバーや社員の見えるところに張ってください。

自分の創業する会社は、世の中に何のために存在するのか？

この会社の事業によって世の中をどう変えたいのか？

それを簡潔に、そして強調した言葉で創業者であるあなたは書くべきです。

「そんな格好つけてる暇があるなら、その分、商売商売!」と考えるひともいるでしょう。実際、無我夢中で創業し、サバイバルの道を探すのに手一杯という会社が多いのも事実です。けれども、私はあえて強調したい。まず、ミッションを書こうとトライすること。そしてなんとか書きあげること。さらに創業メンバーの間でそのミッションをちゃんと共有すること。そうして失うものは何もありません。得することばかりです。やらない手はありません。

③現状に不満を持っているひと

起業以外にもワクワク感をもてる仕事は山ほどあります。通常のビジネスパーソンとして、あるいは教師として、医者として、その他あらゆる職業で、本気で仕事に打ち込んでいれば、どんな立場でもワクワクできるはずです。

ただ、起業家とそれ以外の仕事の間には大きな違いがひとつあります。それは大半の職業では、その職業自体の枠組みを崩すことなくその中でより優れた仕事をしていこう、とするのに対し、起業家は自分のつくった枠もふくめ、現状に常に満足できない気質を持っているのです。

起業家は「もっとこうすればいいのに、ああであればいいのに」と無限に思いつきます。そして、自分が何とかしてやる、あるいは世の中にないものを生み出してやる、という情熱が旺盛です。これも起業家に共通する大きな特徴です。

古今東西、そうした起業家たちが社会を進化させてきました。

④自分の人生を自分で舵取りしたいひと

起業家の資質の第一は、「何としても自分の人生は自分で舵取りしなきゃ気がすまない」という欲求を持つことです。現状に満足せず、より良い何かを求めるロマンティシズムを持つことです。さらに脂ぎった拝金欲で起業するひともいます。

それもまたよし。

資本主義における会社の存在目的は、突き詰めれば利益の追求を通じて株主の財産を膨らませることなのですから、理想のみで利益にあまりに無関心なひとは、起業家には向きません。

そんなひとはむしろ社会改革者、宗教家、理想主義的政治家になったほうがいいでしょう。もっとも、そんな政治家、今どきいたかしらん？

⑤ギラギラ感のある野心的なひと

これまで挙げてきた条件とは異なるかもしれませんが、もっとストレートなわかりやすい人間の欲望に駆られて起業家を志すひともいます。

「金持ちになりたい！」「ひとに使われたくない」「業界の風雲児になりたい！」「とにかく大物になりたい！」というようなギラギラした欲望をむき出しにするタイプです。そのエネルギーは大変なもので、まさに「モーレツ」。欲望の達成のためなら、365日、24時間、ぶったおれるほど仕事することも厭いません。そして社員・幹部にも同じワークスタイルを要求してはばからないのです。保守的なひとは眉をひそめるかもしれませんが、こうしたストレートな欲望にかられるタイプも起業家向きです。決して否定すべきではありません。

⑥ネガティブな感情をバネにするひと

「現在、属している会社で理不尽な扱いを受けたから」、「会社の官僚主義やリスクを取らない社風に嫌気がさして」、とか「特定の誰かに見下されたことに反発して、見返してやろうと思った」などなど、ある意味でネガティブなところから起業の動機を持ち、実行に移すひとも実は結構多いのです。いわばリベンジ（復讐）型の起業です。

⑦リスクテイクを好むひと

どのようなタイプにせよ、起業家に共通する資質は、リスクを取る感覚を持っていることです。事業においても、人生においても、リスクに対する許容度は通常のひとよりも高い。それが起業家の基本条件といえるでしょう。なんでも怖がらないでやってみる。そして困難を何とか乗り越えるガッツがある、というひとです。

また、最近の起業家は取れるリスクをきちんと見極め、その範囲内でリスクを取っています。繰り返しになりますが、実は安全なサラリーマンや公務員にもリスクは潜んでいます。当面は組織に従属してリスクを回避していますが、人生80年という視点で考えると、定年後はあまり展望がないわけで、本人が気づかないところでリスクを取らされているのです。逆に、起業家は成功すれば、一生通用する社会的認知や財産の基礎を築けますから、究極のリスクフリー状態を目指しているとも言えます。

⑧チャレンジファナティックなひと

私の造語ですが、直訳すれば、〝挑戦偏執狂〟。つまり「何かにチャレンジしていないと生きている気がしない」ひとのことです。楽天社長の三木谷浩史さん、グローバルメディアオンライン（ＧＭＯ）社長の熊谷正寿さんなどがその代表格です。彼らはもうこれでいい、という限界をもっていません。ちょっと無謀ではないかと思えるような高い目標をかかげて全力でぶつかっていき、実際クリアしてしまうからすごいものです。１００億をクリアしたら、１０００億、１０００億をクリアしたら一兆、と、次の目標を即座にたてて挑戦していきます。際限がないのです。そしてそのような限界を設けずに次々に永久に挑戦しつづけるところに生きがいを感じる、そんな人種です。

さあ、読者のみなさんは、どのくらい当てはまりましたか？　ひとつくらいは、当てはまったのではないですか？　だったら、あなたのなかにも起業家の種は潜んでいるはずです。

第5章

起業のリスクはこうとれ

48

起業のリスクの実態、教えましょう

起業しようかどうしようかと悩む時、想定する個人的なリスクの最たるものは、「はたしてそれで食えるところまでいけるのか?」「失敗して倒産したらどうしよう?」ということでしょう。

ずばり言えば、もし十分な調査の上にきちんとしたビジネスプランを描き、自己資金に加え、投資家を説得してその立ち上げに必要な資金が調達できたなら、起業への挑戦権は得られたものと考えてください。あとは勇気を持ってやるかどうかの選択になります。それは取れるリスクの範囲だと思います。金銭で言えば、自分のポケットから出した資本金がリスクの範囲です。

となれば、次は創業し、事業立ち上げに全力を挙げるのみです。

逆に、自分のビジネスプランに投資家がついてこないのなら、挑戦権はまだ得られていないと考えるべきでしょう。ビジネスアイデアに魅力がないか、自分の力がどこか足りないということですから。にもかかわらず起業しようというのは無謀です。

中には出資者がいないために、個人保証を入れて金融機関から借金してでも創業するひとがいます。担保も実績も信用もない創業時には、金融機関は融資には必ず個人保証を要求してきます。しかし、個人保証を入れて借金してまでの創業は、思いとどまってください。

失敗後に債務が残る形の起業は、すぐに資金が回転し始める簡単な商売ならともかく、本格的な起業にはお薦めできません。仮に失敗した時、身ぐるみはがされ、次に再起することが難しくなってしまうからです。

自己破産すれば、次の起業は法律的にも数年はできません。「いや、俺は背水の陣でやるので、それでいいのだ」というひともいますが、私は、もしあなたが今エリートビジネスパーソンならばそこまでのリスクは取らないほうがいい、と思います。

新時代の起業はできるだけ借金によらず、出資によるほうがいい。それが私の意見です。唯一、借金していい相手は、万一のときには返済をあきらめてくれるような親兄弟くらいでしょう。

繰り返しますが、これからの起業スタイルは、自己資金は手持ちの範囲にし、あとの必要資金は融資でなく、他人からの出資によってまかなうことを原則とすべきです。この点については異論のある起業家も多いとは思いますが、あえて私はそう思っています。

そうはいっても投資してくれるひとなんているのか？

実は、いまの世の中には、よい投資先を探しているお金持ちはたくさんいます。出資者の探し方については後の章で述べましょう。

失敗しても明るくタフに生きれば大丈夫

起業してはみたものの、まったく事業として成り立たず閉鎖になった場合、当然ながら失業状態に陥ります。

しかし考えてみると、大規模なリストラ・人員削減の新聞発表は日常茶飯事ですし、山一證券や北海道拓殖銀行、日本長期信用銀行のように会社が消滅したり、合併・吸収等で会社の形態がまったく変わり、勤めていても不遇な立場に置かれることだって、珍しくありません。

大企業にいても失業するときはするわけですから、起業して失敗する場合と、結局のところリスクはたいして変わらないのです。もし、定年を一種の強制的失業とみなすならば、起業家のほうが失業リスクは低いとも言えます。

万一、失業したとしても、失業した方たちはみんな何とかしているのです。

失敗した起業家は、修羅場を見たという経験によってタフになり、その後、職業人としてより使えるひとになるひとが少なくありません。こういう時代ですから、企業もタフな人材を求めているのです。私の周りにも倒産後、次の就職時に起業とその失敗経験をむしろアピールポイントにして、いい転職をしたひとがいます。また、よりタフなら、もう一度起業に挑戦したっていいのです。

実際、失業率が高くなったと騒がれたときでも、失業によって飢え死にしたという話はまず聞きません。起業には、「自分ならきっと成功するだろう」という自信や自己信頼と同時に、「失敗したって何とでも生きていけるさ」という楽観主義が必要です。最低限、あなたが気力体力とも失わず、希望を捨てなければ、いくらでも生きていく道は見つかります。

そのためにも、万一失敗してもあとを引かない失敗がいい。そのためにも借金にたよらず、出資に頼る起業をおすすめしているのです。

失敗は敗北ではありません。次なる成功へのステップなのです。

第6章

起業家はこんなにトクだ

52

この章では起業はいかにトクか、というお話をいたしましょう。

もちろん「事業が軌道に乗って成功すれば」という前提条件つきの話です。大きなリターンにはそれなりのリスクテイクがつきますから、まあ当然です。

では、成功した起業家になるとどんなおトクがあるのでしょうか?

起業家のトクその1　起業して社会貢献することで自己存在証明を果たせる

やや優等生的な表現かもしれませんが、あえて真っ先に述べます。自分の信じるビジネスチャンスに賭けて会社を作り、成長させ、顧客を喜ばせ、従業員と喜びをわかち合い、株主に利益をもたらし喜ばれる。場合によっては、「世界を変える」ほどのインパクトを社会にもたらす。

それが大きな自己存在証明、自己実現になります。雇われの身とはまるで違う満足感です。会社が生まれ発展することを創業者が喜ぶのは、わが子の成長を喜ぶ親と同じことで、それで得られる満足感はいわずもがな、です。

起業家のトクその2　創造の喜びを味わえる

起業はビジネスにおける芸術的創造行為です。人間をホモ・ファーベルと呼びならわすように、人間の存在の本質に「つくる」という性質があります。何かを創造することは人間の最大の喜びなのです。それをビジネスというシーンにおいて自分の意志、自分の才覚で試すことができる。それが喜びでなくて、何でしょうか?

起業家のトクその3　ゲームとしての起業のスリルを楽しめる

起業はゲームとしての楽しさとスリルがあります。ビジネスはお金儲けのゲームです。つまり、使ったお金以上のお金を取り返し、その後もどんどん増やすことを目指すゲームなのです。

資本金として最初に投じた資金は、最初は開業準備などで当然減っていきますが、その後開業して商売が回り始めるとだんだん増え出し、ついに売り上げがコストを上回るようになって利益が出始めます。そして、時間の経過とともにさらにどんどん膨らんでいけば、ゲームに勝ったことになります。逆に開業後も売り上げがあまり上がらず、資金が減ってなくなれば負けです。単純な話です。

ゲームに勝てば、出資したシェアに応じて大きなリターンが来ます。負ければ、投資家の出資額がフイになるわけです。起業家自身が投資した分も当然失われますが、個人保証などを入れない限り、それ以上のマイナスは残りません。失敗しても再起はいくらでも可能です。

起業家のトクその4　24時間がすべて自分のものになる

組織勤めしていると、意識していようとしていまいと、サラリーをもらっている勤務時間とそうでない時間の二元論的世界に人生を置くことになります。勤務日と休日や有給休暇の区分もできます。「サービス残業なんていやだな」などと思いながら残業します。ところが、起業してしまうと24時間365日が自分のものです。仕事時間が多くなっても、すべて自分のためにやっているのですから、いやだな、という感情にはなりません。二元論が一元論に変わり、自分の人生の時間がすべて自分のものになるのです。

これはやってみたひとでないとわからない不思議な時間感覚です。

起業家のトクその5　大金持ちになれる! ――かもしれない

どんなに給与の高い職業でも、お金持ちになるという点では、成功した起業家にははるかに及びません。マイクロソフト創業者のビル・ゲイツは、起業後20年で世界一の富豪という頂点にまで登りつめました。アラブの石油富豪などと違って、相続などの方法で、ではありません。あくまで、全くのゼロから自分の才覚で起業した結果です。

もちろんビル・ゲイツは例外でしょうが、数十億、数百億円単位の個人資産を作る合法的な方法は起業家しかあり得ません。サラリーマンのファイナンシャルライフプランと比較してケタ違いに大きな夢を追いかけられるのです。

お金持ちになることが幸福と必ずしも直結していないのは世の常です。また、特に日本の社会風土では、ねたみの対象になったりして複雑です。それでも、このような規模のお金持ちになる可能性がある、ということは起業家の〝特権〟のひとつと言えます。

もっとも、株式公開して成功した起業家の財産は、ほとんどが株の形で保有されますので、それほど一挙にキャッシュが増えるわけではありません。また、最近の若い起業家は成金趣味とは縁遠いひとも増えていますから、見た目は普通のひとと何ら変わらないかもしれません。

それでもやはり衣食住のすべての生活レベルは圧倒的にあがります。また財団をつくって社会貢献に使うというひともいます。留学生の費用をまかなう財団、音楽家の卵を育てる財団、などなど。私の知っているある起業家は、西海岸シアトルのアジア美術館がオープンする際に個人名のついたホールを寄付しました。あるレベルまでいくと、お金は稼ぐより正しく使うほうが難しくなる、のだそうです――はやくそんな身分になってみたいですね。

起業家のトクその6　有名人になれる！――かもしれない

起業家は、仕事が発展していくと、今までは付き合えなかったレベルのより高いひとと会い、いっしょに仕事をするチャンスを得ることも多くなります。また、注目を集めるような事業に成功した起業家はいろいろともてはやされます。マスコミも追いかけます。有名人になります。女優と結婚できます（笑）。その発言は影響力を持ちます。

そうなっても謙虚さを失わないようにしなければなりません。起業家の中には、目立つことを避ける主義のひともおり、それはそれで奥ゆかしいものです。

起業家のトクその7　ドラマチックな人生を堪能できる

私は「サラリーマン」という言葉が何とも嫌いです。毎日9時から5時までお勤めしていればサラリーをもらえるひとという意味で、何とも受け身のニュアンスがただよって、物悲しいです。まだ、「ビジネスマン」「ビジネスパーソン」のほうがマシです。ビジネスをやるひと、という「行為のひと」の意味でしょうから。

さて、起業家は、自らの道を自らで拓く決意をし、リスクを取って実行したひとです。前も書きましたが、指示待ち族の対極にいるひとです。

そして、成功すればそれはそれですごいことですが、事業が失敗しても、また挑戦するなり、一時的に雌伏するなり、とにかく一生自分の人生をあきらめずに、自分で追求できます。ある時は失意のどん底で極貧にあえぎ、ある時は成功の頂上感に酔いしれる。そういう意味で映画のように実にドラマチックな人生、それが起業家の人生です。

ひとの好みですから、どちらがいいというものではありませんが、もしあなたが平穏・安定を好まず、ダイナミックでドラマチックな人生を送りたい情熱家であれば、迷わず起業家を目指すことをおすすめします。

起業家のトクその8　自分の人生を自分で舵取りできる

これが究極のトクではないか、と私は思ったりします。

人生は選択の連続です。ところが大組織にいると、人事異動その他、一事が万事自分の範囲外で自分の人生が運命づけられることになります。「それも人生、塞翁が馬」という見方もありますが、起業家とは、あくまで自分の人生を自分で舵取りしたいというひとが多いようです。そうでないと生きている気がしない、というひとまでいます。

……と、考えられる限りの、「起業家になったときのトク」を並べてみました。あなたの心に共鳴した点はあったでしょうか。また、これらとは全く違う点に魅力を感じるひともいるでしょう。起業家の醍醐味はぜひあなた自らが体験し、発見し、創造していただきたいものです。

第7章

起業家なしでは資本主義経済は成立しない

ここまで、起業家になるのがいかに楽しいのか、いかにオトクなことなのか、とあえて強調してきました。でも、もしかしたら、こんな不安を漠然と抱いている方がいるかもしれません。すなわち、——そうはいっても、起業家ってほんとうに社会に必要なものなのか……?

たしかに起業したばかりの会社は小さいですし、昨今のITベンチャーに関しては、当事者以外は業務内容が一般に理解しにくいケースも少なくありません。

よって、外野からは「起業家なんて時流に乗って金稼ぎをしているだけじゃないの?」という野次が飛んでくるケースもままあります。

でも、それはまったくの間違いです。実は起業家がいなければ、そもそも資本主義市場経済は成立しません。起業家は社会にとって積極的に意義のある存在なのです。

といっても、起業家を目指す多くのひとは、案外、資本主義の世の中の基本的な概念について、漠然としか知らないのではないでしょうか。特に、理科系のひとの多くは、ほとんど聞いたことのない話だろうと思います。いや、実を言えば文系の私だって、こんな基本的なことなのに大学までの教育の課程できちんと習った記憶がありません。

自分がやろうとすることが世の中全体から見てどういう意味があるのかを確認することはムダではありません。ムダでないどころか絶対知っておくべきことです。

言うまでもありませんが、我々が生きている日本という国は資本主義経済の中にあります。資本主義の本質とは何でしょうか？　それは、株式会社という組織が多数存在し、競争を繰り返しながら財やサービスを提供し、多くの人々の需要を効率よく満たしていく社会です。

株式会社は起業家と資本家がいて成立する

では株式会社の本質は何でしょうか？

それは、企業の所有権を株式という単位に細かく分割し、その株式と引き換えに多くのひとから少しずつお金を集めて「資本金」というまとまった事業資金を用意し、それを使って個人事業ではできないような大掛かりな事業を仕掛け、その事業を通じて企業の所有者たる株主に利益をもたらすことを目的とする組織体のことです。

株主にとっての利益とは、具体的には配当（インカムゲイン）か、あるいは株式転売によるキャピタルゲインです。会社にとっての利益は売り上げからコストを差し引き、税金などを払い終わった部分です。その最終利益の一部（または全部）が配当になります。したがって、換言すれば会社の目的は利益の追求です。これによって雇用も生まれ、みんなが食べていくことができる社会としてうまく回っているのです。

ただし、利益の追求も度を越してしまうと、弊害が出ることも事実。株価を上げるためなら倫理もかなぐり捨て、会計も粉飾してしまう――これは論外です。

では、株式会社はいかにしてできるのでしょう?

それは、事業機会を見出した起業家と、それに投資する投資家（資本を出すひと）の出会いによってできるのです。明治の官営事業の払い下げなどの例外を除くと、すべての会社は当初、このような起業家と投資家の出会いによって生まれたベンチャービジネスだったのです。もっとも、最近は大手企業の子会社という形でできる例も多いですが。この場合の社長は「雇われ社長」と呼び、起業家とは言いません。なぜなら、自分の人生を賭けるリスクをとっていないからです。

時代とともに、ビジネス環境は常に変化します。その変化に適さなくなった企業は淘汰されて消えていきます。一方で、変化の中から新しい需要が生まれ、それをとらえて新しい起業機会が生まれます。過去百年の歴史を振り返っても、起業機会のなかった時代というのはありません。いつの時代にも必ず、起業機会は存在しています。

そこに新しい会社が新しい起業家と投資家の手によって誕生します。つまり、企業社会も人間と同様、毎年必ず一定量の生誕と死があり、そのことで新陳代謝しているのです。ですから、起業家の存在は不可欠なのです。

新しい起業家の出現を常に社会は望んでいる！

起業家が世の中からいなくなると、必ずその経済は没落・衰退します。起業家を連続的に輩出することは、世の中から必要とされていることなのです。特に閉塞感が漂う今の日本ではなおさらです。

ところが現実を見ると、残念なことに日本はここ数年連続して起業率が廃業率を下回っています。米国とは逆の現象です。いわば「法人の少子化現象」です。子供のいない社会に活気がないのと同様、新規開業の少ない産業社会にはみなぎるような活力が乏しいのです。

小泉政権のお題目は構造改革ですが、どうも遅々として進まないようです。やや荒っぽい言い方を承知の上で述べるなら、起業と廃業、株式市場への新規上場と退出が繰り返されれば、将来伸びる企業に資金が流れ、結果としておのずと産業の構造改革が進むのです。その意味からも、有望な起業家が連続的に輩出する世の中にしなければなりません。

ですから、われこそは、と思われる方はぜひ、起業の道を志していただきたいのです。それはあなた自身にとって最高の自己実現であると同時に、今後の日本経済にも大いに貢献することだからです。

第8章

64

「起業」を念頭に置き、人生の成功の定義を変えよう

起業家文化の先進国である米国では、さまざまな「起業グッズ」が販売されています。そのひとつに「プラーク」があります。これは起業家としての心構えを彫り込んだ石板で、机の上や棚などに飾って初心を思い出させるというものです。私が通ったスタンフォード大学の生協でも売っています。

「成功は旅だ、到着点ではない」

プラークのひとつに「Success is a journey, not a destination」という言葉を彫り込んだものがあり、私は気に入って即座に買ってしまいました。直訳すれば「成功は旅だ、到着点ではない」

となりますが、もう少しわかりやすく言えば、

「自分の人生を自分の意志で舵取りしながら生き抜いていく過程（＝旅）、それ自体が成功であって、大金持ちになったとか株式公開したとか、あるいは逆に倒産したという結果（＝到着点）を持って成功や失敗をはかるべきでない」

という意味です。

つまり極論すれば、起業して破産に終わっても「成功」というわけです（もちろん、これは極論ですよ）。

そういえば、ホイットニー・ヒューストンのヒット曲「The greatest love of all」にもそんな歌詞がありましたね。「仮に私が成功しようと、あるいは失敗しようと、私は私の運命を試し、私の人生を精一杯生きているのだから、私はそのことを誇りに思うし、誰も私の威厳を奪うことはできない」と。前述のように、「成功」の定義を変えてしまうと、起業家人生へ思い切って飛び込むひとつのジャンピングボードになるのではないでしょうか。

起業とは、文字通りビジネスをゼロから起こすことです。よほどの大金持ちでない限り、ひとは食っていくために職業を持つ必要があります。

一般的な日本人の人生航路は、まず20歳前後まで学校に行き、その後どこかの会社または役所

などに勤めるというものです。最近は、あえて自発的にフリーターや契約社員・派遣社員となって、特定の企業に所属しないひとも増えていますし、学生時代からいきなり起業家になるひともわずかながらいます。

けれど、一般的にはまだまだ「卒業して就職」というコースが大多数です。おそらく読者の皆さんの9割がたがそうではないでしょうか。

さて、会社員になったその後はどうなるのでしょう?

実はこの先が1990年以来の低成長時代に大きく変わった、あるいは変わらざるをえなくなった部分です。

すなわち、65歳定年まで勤め上げ、あとは関連会社の取締役か何かで楽なポジションに移り、そのうち引退、というコースが急に見込めなくなってきたのです。また、仮にそのようなコースを選べたとしても、あえて、「そんなのつまらない」と思うひとが増えています。

要するに、一度しかない人生をただ安全志向でいけばいいというものではない、もっと熱く燃えたい、というわけです。そのようなひとにとって「起業」は現実的なオプションです。世論調査によれば、親が子供になってほしい職業のトップは公務員だそうで、中高年の〝寄らば大樹の陰〟志向は根強いものがあります。

事実、日本に起業意識が弱いのは親の世代の安定志向の影響もあるとされています。世間体などを必要以上に気にしてしまうのも日本人の悪いところです。しかし、人間、25歳、30歳にもなれば、誰のものでもない自分の人生を思うように選択して生きればいいのです。

「死の床で自分の人生に納得できない」リスクをとりたいですか?

よく、起業家はリスクテイカーといわれます。安定した大企業をやめる場合などはなおさらです。

しかし、本当にそうでしょうか?

むしろ時代にそぐわなくなった大企業の方が、柔軟なベンチャーよりよほど危ない、という考えもあります。「そうはいっても少なくとも来年再来年は大丈夫だ」と思っているあなた、そうしてずるずるいくうちに、起業適齢期は過ぎ去り、組織にしがみつくしかなくなるのですよ。起業する自由を失うリスクを増大させるのですよ。

またリスクの定義を変えますが、安定してはいるが、意に沿わない、充実感のない会社に属しているということは、「死の床について人生を振り返った時、自分の人生に納得できないことを発見して絶望するリスク」を取り続けていると言えないでしょうか？　それは、人生究極のリスクかもしれません。起業家人生はそういうリスクを徹底的に回避しているとも言えます。

実はこれ、アマゾン・ドット・コムの創業者のジェフ・ベゾスの言葉です。

ジェフは私の憧れの起業家です。ジェフについてはあとがきで詳しくご紹介します。

第9章

起業志望の皆さん、メガベンチャーを目指せ

自分の人生を自分で舵取りしたいという話は、ベンチャーばかりではありません。いわゆる独立開業全般に当てはまります。SOHO《ソーホー》（スモールオフィス、ホームオフィス）のように小規模な自営業として自立するのも独立ですし、フランチャイズ会社に加盟して、フランチャイジーとして自分の店を持つのも独立です。

しかし、私は起業家とこうした自営業やフランチャイジーとを区別して考えています。

起業とは大きな資金を集めて会社を作り、その成長を目指し、当然ながら株式公開も視野に入れる拡大志向スタイルであるのに対し、自営業は自分と家族、あるいは気の合う仲間が楽しく食えることを第一の目標にし、最小限の組織を維持しようとする、非拡大志向のスタイルです。株式も自分と身内だけで１００％所有し、外部資本を求めません。

このような志向を「ライフスタイルベンチャー」ということもあります。たとえば、大手広告代理店から独立してプランニング事務所を開く例などがそれに当たります。

フランチャイズビジネスのフランチャイジーとして独立する場合も、ひとがお膳立てした上での起業ですから、自営業に近いと言えるでしょう。もちろん、中には例外的にメガフランチャイジーとして上場まで果たしたタスコシステムのような会社もあります。

ＳＯＨＯもフランチャイジーも素晴らしいことです。さまざまなきめ細かい生活産業などでそのチャンスは無限にあり、街の起業家として政府も積極的に応援する姿勢を見せています。ひとそれぞれの器もありますので、起業家になることと自営業やフランチャイジーを始めることを比べ、どちらがよりいいなどと言うことはできません。

ただ、本書で扱うのは、あくまで後者、つまり拡大志向、成長志向の会社の創業です。

巨大企業マイクロソフトもアマゾンもベンチャーから始まった

マイクロソフト、デル、アマゾン・ドット・コム、ヤフー並みのベンチャー企業を「メガベンチャー」と言います。具体的には、世の中全般に大きなインパクトをもたらしながら10年で５０

0億～1000億円規模に育っていく可能性のあるベンチャーです。

実際、大きな市場の拡大に歩調を合わせるような事業を手がけ、資金調達に長け、M&A（企業の合併や買収）手法などを駆使すれば、それは決して夢物語ではありません。

いや、むしろそれは金融手法の発展とともに、10年20年前より今のほうがより実現性は高まっていると言えましょう。

「メガベンチャー？　そんなの無理！」と思った瞬間、あなたには実現不可能になります。しかし逆に、何事にも限界を設けずに、段階的に事に対応すれば、メガベンチャーの創造も決して不可能ではないのです。

また、親の事業を受け継いだあとに事業を拡大させたり会社の方向性を転換させて、「第二の創業」的な発展を遂げる会社もあります。

たとえば、ユニクロを展開するファーストリテイリング、松井証券などがその代表です。これらを成し遂げた柳井正さんや松井道夫さんらもまた、メガベンチャー的起業家と呼べるでしょう。

最近は後継者難の時代であり、特に血のつながりがなくとも、このようなポジションをつかむことも不可能ではありません。

●どうせやるなら大きなことを

一流企業のビジネスマン、経営もわかる上級エンジニアなどが起業してSOHOやライフスタイルベンチャー（少人数で楽しく快適に食えればいいという方針）で終わってしまうのはもったいないことです。

ぜひ、大きなビジョンを描いて、売り上げ１００億、５００億、１０００億円が狙えるベンチャーを志してほしいものです。

具体的に言えば、数億円規模の投資を受けてビジネスを立ち上げ、5年以内に売り上げが30億~50億円になるまでに成長させ、株式公開する。その後、さらに資金調達しながら１００億円企業、１０００億円企業にまで成長させる。いわゆる「メガベンチャー」志向です。

この規模になりますと、当然、自分の周りのお金では到底足りませんから、ベンチャーキャピタルとの付き合い方を覚え、彼らから資金調達する必要があります。メガベンチャーの背後には、必ずベンチャーキャピタルがあるのです。私も職業柄ベンチャーキャピタルとのお付き合いが多いのですが、日本のベンチャーキャピタルは性格もさまざまで、お付き合いの流儀もそれぞれです。が、共通しているのは、彼らは本格的な起業家候補の出現を待ち望んでいるということです。

結局倒産してしまいましたが、ウェブバンという会社を作った、元アンダーセン・コンサルティング（現アクセンチュア）のCEO（最高経営責任者）・ジョージ・シャヒーンは、未公開時代に1000億円を調達し、巨大な倉庫と自社物流網をつくって、オンラインの宅配スーパーというビジョンに賭けました。本人もコンサルティング業界の超大物ですが、かけたお金もハンパではありません。

しかし、考えてみれば、映画1本作るのにも数億円、数十億円、場合によっては、100億円ぐらいがかけられています。偉大な会社を作るために元手を10億円かけたとしても、むしろ安すぎるくらいではないですか。

あなたは、たとえば5億円の元手があったとして、それをきちんと使いこなして、5年で50億円の会社に育てることができるでしょうか？　社会に名を成す本格的な起業家を志すなら、そのくらいのスケール感を、ぜひ常に持っていてほしいと思います。

第10章

シリコンバレーの起業風土——成功したらすごい、失敗しても立ち直れる

起業は厳しくも楽しい。

それが私の実感ですが、それをまさに体現しているのがシリコンバレーの起業家風土です。世界の情報技術（ＩＴ）系起業家の聖地ともいえるシリコンバレー。アラブのメッカにおける巨大なモスクの代わりに、シスコシステムズ、アップルコンピュータなどの巨大な本社社屋がそびえ立っています。

私が起業を決意したのは、スタンフォード大学のキャンパスにそびえるフーバータワーの地上１００メートルの展望台でシリコンバレー全体を見渡した時でした。

抜けるようなカリフォルニアの青空の下、眼下に広がるシリコンバレーで多くの野心と夢を持った若者が起業を目指し、あるいはすでに起業して、活気あふれるオフィスの中で切磋琢磨し

ている……。

幻想、思い込みに過ぎないとわかっていても、そんな光景が思い浮かび、「僕もいつかかならず起業するぞ！」と決意したのです。その時スタンフォード大学の生協で買ったバックパックのリュックは、今も私の起業家人生の出発点を思い出させてくれる宝物です。

その後も、米国西海岸に行くたびに、フーバータワーに登ったり、ヒューレット・パッカードが創業したガレージ（カリフォルニア州政府が歴史的モニュメントに制定）に出向いたり、スタンフォード大学のキャンパス内の学生の眼ざしを盗み見たりして、シリコンバレーの息吹を吸い取ろうとしています。

シリコンバレーの常識「失敗しても、なんとかなるさ」

さて、シリコンバレーの起業メンタリティは日本とは相当違います。

ひとことでいえば、シリコンバレーはまさにあのカリフォルニアの青空のようにあっけらかんと明るく、日本はどこか悲壮感がただよっています。

米国では、起業家とは最も優秀なひとたちが挑戦する特権を持つあこがれの職業です。成功すれば賞賛され、もちろん富と名声が手に入る可能性があります。

また、失敗に対する意識がまるで違います。

日本では「失敗は許されない、失敗したら家も財産も失い、地獄に落ちる。成功まで歯を食いしばって、すべてをがまんして事業最優先でがんばる」という「欲しがりません、勝つまでは」主義が浸透しているように見受けられます。

これに対し、シリコンバレーでは、「自分の起業アイデアに誰か金を出してくれれば、起業というゲームが楽しめる。しかも成功すればお金持ちになれるし、世の中からも『すごい!』と賞賛される。もちろん、当然失敗することもある。確率統計的には失敗の方が多いのだから、失敗しても当たり前のことが起こっただけ。またの起業チャンスをうかがえばいい」――。そんな感じです。実にあっけらかんとしているのです。

実際、統計数字を追いかけると、創業から5年後に生存しているベンチャーは20%に過ぎません。8割は5年以内に消滅するのです。つまり失敗は日常茶飯事、よくある話なのです。シリコンバレーでは「成功すればすごい! 失敗しても何とかなる」であるのに対し、日本は「絶対成功しなければならない。失敗は許されない」となります。

極端に誇張して対比しましたが、これでは日本で優秀なひとたちがびびってしまうのも当然と言えます。人間、何事も緊張しすぎると成功しません。またこのような息の詰まる毎日ではとてもじゃないけれど、「起業は楽しい!」なんて言えませんよね。

日本の起業が悲壮になる最大の理由は、日本ではシードマネーを出してくれるエンジェル等の層が薄く、起業資金が得られなくて借金をして創業することが多いためです。借金には担保がつきもの。家などの財産を担保に入れるか、個人保証を付けることを要求されます。

つまり、失敗すると家がなくなる、あるいは一生債務を背負って生きなければならなくなるのです。これでは「失敗は絶対できない」と人々が考えてしまうのも当然です。

日本でも、大旦那=エンジェル投資家を税制で優遇しよう

日本の起業環境は以前よりは改善してきましたが、それでもまだ問題は多々あります。ずばり言うと、日本の最大の問題点は「シードマネーの調達の困難さ」です。

優秀なひとがどんどん起業家を志せる社会にするなら、社会全体で起業リスクを分散して取らなくてはなりません。それを一個人に背負わせるのは酷であり、そのような状態が続く限り、めったに起業しようというひとは出てこないでしょう。

国や地方自治体にもそのような創業資金拠出制度はいくらかあります（よく見ると、そのほとんどが個人保証を要求しますが）。しかし、本来は目利きのようなエンジェルが、「これ」と見込んだ起業家の卵に、大旦那のように資金を出してあげるのが理想です。国が、そのようなエンジェル資金を所得控除、あるいは他の投資利益から控除してくれれば、かなりエンジェル投資は進むと思います。

１９９７年の税制改正で創設されたエンジェル税制は、エンジェル投資して損失を出したら他の投資の利益と相殺できるというものですが、もう一歩踏み込んで、「出資したその瞬間、他の投資の利益からその投資額分を控除できる」となればぐっとエンジェル投資は増えるのになあ、と夢想しています。

もちろん、短期的には税の減収になりますが、次世代企業を生む種をまけば成功した企業が将来大きな法人税を払ってくれます。国もその辺を考えて、損して得取る、という発想になってくれないものでしょうか？

第１部では、「起業家とは何か？　どんなヤツらなのか？　なにが楽しくてなにが大変なのか？」という具合に、起業家のライフスタイルのさまざまな側面を解説しました。

これを読んで、「よし、オレも起業家になるぞ!」と決断したあなたのために、第2部ではいよいよ起業実践編をご説明いたしましょう。

第2部 起業は楽しい!

実践編

第11章

まず、起業のアイデアを創出する

82

第1部では、起業家になるための〝立志術〟について解説してきました。ここまで読んできたみなさん、いよいよ起業の意思を固めていただけたでしょうか？

では、「起業する」と決意した後には、具体的に何から手をつければいいのでしょう。

第2部は実践編です。起業の具体的手法を解説していきましょう。会社勤めしているビジネスパーソンや技術者が、どのような段階を踏んで起業に至るのか、典型的なパターンをご説明しながら、ステップバイステップでポイントを記していきます。

どうすればアイデアが浮かぶ?

起業アイデアが浮かぶまでの過程には、さまざまなパターンがあります。一番多いのは、自分の職務経験や人生経験からじわじわとにじみ出てくる、というケースです。そう考えれば、職場での手痛い失敗、人生での挫折など、いかなる体験も無駄ではないといえます。

電撃的に起業アイデアがひらめくこともありますが、頭の中でアイデアをあたため、メモにまとめていくうちに徐々にアイデアが明確な形を帯びてくる、という場合がほとんどです。そして、「うん、これはぜひやってみたい。いや、やるしかない。必ずうまくいくはずだ」と思った時、起業への決意が固まるのです。

中には、特にアイデアはないけれど、「とにかく起業したい!」と熱望しているひともいます。たとえて言えば、恋に恋するような状態。相手はまだいないのに、恋愛願望だけが強い状態です。

本末転倒と言われそうですが、私はそれでもいいと思います。

起業願望を強く抱いて生活していると、自分の周囲を常に起業アイデア探しの観点で見渡す習慣がつきます。その結果、実にいいアイデアが思い浮かぶということだってあるのです。

ソフトバンクの孫正義さんは、若い頃、毎日ひとつの起業アイデアを考えることを日課にしていた——そんなエピソードを聞いたこともあります。

●ビジネスアイデアには2つの種類がある

私は起業の際、対象とするビジネスをふたつに分類して考えます。ひとつは、すでにそのビジネスの市場は存在しているけれども、今までとは別の方法で参入するというパターン。もうひとつは、市場そのものがまだ存在していない、全く新しい市場創造を目指すパターンです。

私は、後者を手掛けるひとの方が、より「創造的」で「偉大な」起業家だと思います。もちろん、より困難を伴うハイリスクな分、ハイリターンである可能性も大きいのです。

中でも100年に1度の「世の中を一変させる」ビジネスを生み出したひとは、単なる起業家・産業人の範疇をこえ、歴史に名を残すひととなり得ます。

たとえば、馬車が全盛のころ、手作りで高価だった自動車を大量生産して、一気に普及させ、結果として世界中の人々の移動手段をがらりと変えてしまった自動車王ヘンリー・フォード。個人が家庭でコンピュータを持つなどあり得ないという常識を打ち破ったアップルコンピュータの創業者スティーブ・ジョブズなどなど。

●起業の理想――「ビジョナリー」という哲学

　ヘンリー・フォードやスティーブ・ジョブズのような後者タイプの起業家は「ビジョナリー」と呼ばれることがあります。

　ビジョナリーとは、ビジョンを描くひと。ビジョンとは、文字通りに言えば「幻視」です。つまり想像・空想の世界で、リアルな世界を見る能力です。ビジョナリーとは、今と違う世の中を幻視できる能力を持っているひと。今は全く使われていないが、何年か先の将来にはこの商品や技術を誰もが使っていると確信し、それを普及させようとがんばるひとのことです。人々の生活やビジネスのあり方を一変させるようなインパクトのある事業を構想できるひとといってもいいでしょう。

　身の丈に合った起業テーマを目指すのもいいですが、破天荒な、常識はずれのビッグビジョンを描くビジョナリーこそ世にどんどん登場してほしいと思います。もっとも、最初からビジョンを描いて邁進した、というわけではなく、結果としてビジョナリーと呼ばれるようになったひともいます。気負い過ぎずにいきましょう。

●「不況期は起業に向かない」はウソです！

不況期にはただでさえモノが売れません。だから、こんな時期に起業してもうまくいく確率は低い、という説を唱えるひとがいます。

たしかに、何ら新機軸のない横並びの商売を始めようというならばそうかもしれません。しかし、新しいアイデアを盛り込んだ起業に関して言えば、この考えは間違いです。私はそう思います。

不況期は、人々の嗜好や、購買パターンなどが変わり、既存のルールが通用しなくなります。ゲームのルールが変われば、新しいルールで参入してきた新企業にチャンスが回ります。たとえば、高コスト体質に染まった業界に超ローコスト経営で参入すれば、プライスリーダーのポジションを取り、一気に存在感を高めることが可能です。

好況期には業界リーダーが順当に市場を引っ張るので、新参者に出番はありませんが、不況期は業界の分裂や再編が起こりやすく、その裂け目に参入チャンスが生まれることがあります。

さらに不況期は起業コストが低下します。大企業のリストラが進むため、いい人材が比較的安く採用できます。オフィスも安い賃料で借りられます。中古オフィス家具も安くたくさん出回ります。つまり、営業開始までのコストをあまりかけなくて済むのです。その分を営業活動に回せば、早期に目標の売り上げをつかむチャンスも高められるのではないでしょうか。

第12章

ビジネスアイデアを磨き、本格的なビジネスプランを描こう

ビジネスアイデアが浮かんだ後に手をつけるのが、ビジネスプランの作成です。アイデアを徹底的に煮詰め、検証し、具体的なビジネスプランに昇華させるのです。

起業家となったみなさんは、ビジネスプランを基に投資家や創業者仲間を説得することになるのですから、この作業は非常に重要です。

では、一体どうすれば、アイデアをプランのかたちに具体化できるのでしょうか。

要点を説明しましょう。

あなたのアイデアについて第三者からの客観評価を得よう

起業を決意するようなビジネスアイデアが思いついた時というのは、興奮して一人で突っ走りがちです。思い入れが強すぎて、客観的な評価を聞こうとしなくなるのです。

画期的（だと自分では思う）ビジネスアイデアを思いついたら、あえて冷静な第三者の意見、助言をどんどん集めるようにしましょう。ビジネスの想定顧客となり得る友人や知人に接触し、「こんな商品、こんなサービスがあったらどうかな。買いたいと思う？　買ってくれるか？」などとヒアリングするのです。大いに参考になるはずです。

会社勤めをやめる前の段階なら、有給休暇などを使って、友人知人にヒアリングを行いましょう。こうしてアイデアをブラッシュアップしていくのです。

他人の否定を恐れるな！　凡人の理解を超えたアイデアだってある

しかしその一方で、本当に革新的なビジネスアイデアは、しばしば凡人の理解を超えてしまいます。周囲の意見を集めると、凡人が常識的に考えた「そんなの無理！」という声ばかりになることもあります。けれど、それにくじけず、困難を打破して大きなビジネスに挑み、成功させるのが上級の起業家といえます。

もっとも、本当に革新的なアイデアなのか、まったく取るに足らないダメなアイデアなのか、その見極めは簡単ではありません。第三者の意見が正しいという保証もありません。革新的ビジョナリーとエセ起業家とは、まさに紙一重なのです。

アップルコンピュータの創業者、スティーブ・ジョブズが個人向けパーソナルコンピュータの試作品を作った時のエピソードが有名です。ジョブズは試作品を持って、ヒューレット・パッカードやゼロックスに出向き、事業として手掛けないかと提案しました。けれど、どちらの会社でも、誰も取り合ってくれなかったのです。

ジョブズは仕方なく、スティーブ・ウォズニアックという技術者と2人、自宅のガレージの一角で会社を興すことにしました。お金の蓄えが全くなかったため、創業資金は中古のフォルクスワーゲンのビートルを売り払ったお金を充てたといいます。

この手の「ガレージベンチャー逸話」は他にもいろいろあります。私は、こういう話に限りないロマンティシズムを感じます。

偶然の出会いを大切にしよう――ビジネスにおけるチャネリング現象

ビジネスアイデアをビジネスプランに磨き上げる過程では、さまざまな情報やひととの出会いがあるはずです。

起業とは、自分の頭の中に描いた「想念＝ビジョン」の実現を目指して、集中的に努力するプロセスと言えます。執念を帯びた思考（想念）は、それ自身がエネルギーを持ってさまざまに作用し始める、という説があります。有名なナポレオン・ヒルの「成功哲学」などの考え方です。

作用し始めると何が起こるか？

それはチャネリング現象です。

たとえば、自分が思い描いているビジネスアイデアにまさにぴったりの情報なり経営資源なりを持っているひとが不思議と目の前に現れたとか、ふと入った古本屋の片隅に、まさに自分のビジネスアイデアに必要な情報の詰まった本が見つかったとか……。

やや「超常現象」的な話ですが、私自身もそれに類する経験は何度もしていて怖いくらいです。本当です。嘘ではありません。

つい最近も、大学のＯＢ会に出て、次のビジネスアイデアを少し話していたら、まさにその業界の影のキーマンを知っているひとがいて紹介してもらえることになりました。
逆に言えば、起業家たるもの、こうしたチャネリング現象が起こるくらい、徹底的に執念深く考え続け、その実現を強く願望し続けるべしということではないでしょうか。

思いつきレベルのプランでは、カネにならない

はっきり言って、日本の起業家のレベルは、米国に比べて劣っています！（はっきり言い過ぎでしょうか？）日本の起業志望者の中には「町の素人発明家」のようなレベル、あるいはちょっとした思いつきレベルのビジネスアイデアで会社を立ち上げようというひとがかなりいます。米国の起業レベルが大リーグクラスとするなら、日本は残念ながら草野球レベルのビジネスプランが目立ちます。

例を挙げると、「テレビに出てくるタレントの着ている服をインターネットで販売する事業」などという〝ビジネスアイデア〟。こんな話が「ベンチャー」として事業化されたりします。何の差異性もなく、何の先進性もなく、何の強みもない、単なる思いつきレベルのアイデアとしかいいようがない。そう思いませんか。

それでも最近は、日本でも大学助教授や大手企業の技術者が本格的なビジネスアイデアを引っさげて創業する、新しいタイプの起業家が増えつつあります。これは、非常にいい傾向だと思います。

ビジネスプランの正しい書き方

日本では、そもそも、自分のビジネスアイデアをまともなビジネスプランの形で書くことすらできないひとが多い。

コンサルタントの大前研一さんは2000年から「ビジネスプランコンテスト」をプロデュースしていますが、当初、パワーポイント5枚程度のビジネスコンセプトを提出の条件としていた時期には山のように応募があったそうです。

しかし、「これでは応募が多すぎる」ということで、フルスケールのビジネスプランの提出を要求したら、応募は10分の1に減ったそうです。つまりフルスケールのビジネスプランをまともに書けない起業家志望者が多いということです。

本格的な起業を目指すなら、ベンチャーキャピタル（VC）から投資を引き出せるビジネスプランの様式などをきちんと勉強する必要があります。その手の指導本も出ていますので、独学でも十分習得可能です。

●ベンチャーキャピタルのめがねに適うコツ

他人のビジネスプランを見たり、ビジネスプランを書く訓練をしていると、次第にどういうビジネスが投資を受けるに値するものなのかが体感できるようになってきます。

あるベンチャーキャピタリストは、こんなわかりやすい投資基準を持っています。つまり、

①今までよりも2倍以上高性能であるか、半額以下のコストを実現していること
②5年で50億円以上の売り上げを獲得する可能性があること

だそうです。

それくらいインパクトのある事業にしか投資しないというのです。

ベンチャーキャピタリストは、エグジット（資金回収）のプロです。一部のVCのホームペー

ジには投資先一覧が出ています。最近どんな企業が投資を受けているのかをウォッチするのも、ビジネスプラン作成の参考になるはずです。

第13章

96 創業仲間を集めよう

創業仲間（コアメンバー）集め、これも起業家が会社を立ち上げるに際して非常に重要なステップです。

起業家がひとりでできることは限られています。「夢」を共有し、よろこびも苦しみも分け合える仲間をできるだけ早くから集めなければなりません。

そのためには、自分以外の人間が「よし、それに僕も賭けよう！」と言ってくれる熱いミッション、熱いビジョンがあなたの中に必要です。

そして、日ごろから交友関係の幅を広げ、会社勤めならば社内の人脈を作っておき、自分とともに運命を賭けて同じ〝起業ボート〟の乗組員になってくれる候補を数多く抱えておくよう努めることです。

幸運にも、あなたのプランに共鳴して集まってくれる仲間が出てきたら、創業に向けて血判状を交わすくらいの意気込みで、プランニングに入るのです。

もちろん、共同で出資することもよくあるケースです。着メロ関連ビジネスのフェイス（http://www.faith.co.jp/）は、メンバー４人で２５０万円ずつ出し合い、１０００万円で創業した後、大阪投資育成というベンチャーキャピタル（ＶＣ）からの資金調達で軌道に乗せていったそうです。

ひとりぼっちの起業もある

もちろん、世の中、例外は必ずあります。

たとえば、ソフトバンクの孫正義さんには創業直後、社員が誰もいませんでした。みかん箱の上に立ってアルバイト2人を前に「10年後は１０００億円の会社にする」と演説したという伝説があります。ついでに言うと、そんなホラにつきあっていられないとその2人のアルバイトはすぐ辞めてしまったとか……。

かくいう私自身も、出資者や社外取締役という協力者は得ることができたものの、創業当時、会社を辞めて一緒に〝起業ボート〟に乗ってくれるひとはいませんでした。創業した1997年当時、インターネットでビジネスをやるというのは非常にリスキーに見えた時代だったのです。しかし、やはりなるべく早いうちから、苦楽をともにする創業メンバーを確保しておく方が良いのは間違いありません。特に、エンジニアが起業家となって創業する場合、営業や事務、会計など実務に強い人間を確保するべきでしょう。

後にVCから資金調達する際にも、メンバーの能力の有無が出資決定に大きく影響してきます。

●自分で起業する代わりに創業仲間に入るという起業の道もある

逆に、あなたが友人・知人の創業にかかわり、創業メンバーとして参画する可能性だってあります。こうした立場は「準起業家」と呼んでいいでしょう。いきなり自分の起業に進む前に、このような機会をとらえて創業起業の仲間に加わるのは大変勉強になります。「いずれ起業家になりたい」と思っている若いひとにとって、創業期、あるいは成長期のベンチャー企業に入ることは非常に貴重な経験です。

第1に、ベンチャーというのはどういうところか、どうやって経営すればいいのかがわかります。時には反面教師にもなります。

第2には、将来そのベンチャーが成功した時、創業期からのメンバーにはまとまった金が入る可能性があります。もちろんそのためには、株式を購入するか、またはストックオプションをもらっておくことが条件です。

第3に、その会社が株式公開まで至らない場合でも、社内外でがんばって頭角を現すことができれば、仕事を通じて創業資金の拠出者を見つけることも可能です。日本のエンジェルの相当部分は、ベンチャー成功者たちによって構成されているからです。

創業メンバーのひとりが後に独立して起業家として名を成した例として、アスキーの創業メンバーだった塚本慶一郎さん（インプレスを創業し一部上場まで至る）がいらっしゃいます。サイバーエージェント社長の藤田晋さんもインテリジェンス勤務時代に抜群の営業実績を上げていたことがきっかけで、同社の宇野康秀社長から創業資金を得ています。

第14章

最初の難関：創業資金を集めよう

さて、ここまで起業にあたって、どんなことに気をつけ、なにから手をつけていったらいいかを説明してきました。しかし、起業の本当の困難はここからです。

起業家が最初に直面する難関はシードマネーの確保です。

シードマネーとは文字通り「種銭」。ビジネスをスタートさせるまでの準備とスタートさせて最初の数ヵ月間をしのぐために必要なお金です。その数ヵ月で何とかビジネスの原型を作り、次の増資活動に向かう、というのが成長型ベンチャーの典型的なあり方です。

第1部の最後で、「日本で起業家が出ない理由の一つはシードマネーが足りないことにある」と書きました。実際、米国などに比べると、日本は圧倒的に不利な状況です。

しかし、だからと言ってあきらめる必要はありません。きちんとやるべきことをやり、会うべきひとに会えば、必ずシードマネーは確保できると信じて行動してください。

自分の貯蓄だけでは足りない

手掛けるビジネスによってかなりばらつきはありますが、よほど単純なビジネスでない限り、シードマネーとしてまず2000万~3000万円は必要でしょう。場合によっては、最初から億単位のカネが必要になるビジネスもあります。

「え? そんなお金、見たこともない」ですって? そうです。それが普通です。ではどうするか?

みなさんの現在の貯蓄額はどの程度でしょう。30歳前後で、良くて500万円というところでしょうか。1000万円を超える貯蓄を持つひとはまれでしょう。

2003年2月施行の中小企業挑戦支援法で、商法の最低資本金規制の特例として、条件付きながらも資本金が1円で起業できる制度が導入されました。さらに、2005年の商法改正では最低資本金制度が完全に撤廃されるとのこと。

とにかく、株式会社を作るのはより容易にはなります。

自宅で電話と机さえあれば起業できるような、たとえばコンサルタントのような業態や、インターネットを活用してサラリーマンが副業する「週末起業」程度なら、ごくごく少額のシードマネーでも創業可能です。こうした起業も大いに意義のあることです。

しかし、あなたのビジネスプランがいずれ株式公開を目指すような内容であれば、最低限オフィスをどこかに構え、数人である程度のオペレーションをこなしてスタートすることになるでしょう。そうなると、シードマネーはどうしても個人の蓄えだけでは足りなくなります。

個人保証つきの借金は極力避けよう！

昔の創業パターンは、自己資金のほか、親兄弟・友人知人から借金し、足りない部分は、銀行や国民金融公庫から借り入れてスタートするケースが圧倒的に多かったようです。

けれども、国民金融公庫の申込書を見ると、ケーキ屋さんの開業などの例が出ていて、どうやら小さな商店の開業などを想定しているようです。ダイナミックに成長させていくベンチャービジネスは想定外なのではないでしょうか。

しかも借り入れに担保はつきもの。しかし、ほとんどのひとは担保に出すものがありません。

そこで、個人保証という禁断の手を使います。

つまり倒産したら、その借金を背負って一生かかってでも返済し続けるという約束を交わすのです。これは非常に怖いやりかたで、失敗すると何十年も負の資産を負わされてしまいます。または「自己破産」してビジネス界からしばらく葬られます。これでは、個人として取るリスクが大きすぎます。数百万円程度なら失敗しても何とかなりますが、それ以上の金額については、よほどの覚悟が必要となります。

私は起業の際に個人保証を入れるのは極力（絶対、とは申せませんが）避けるべきだと強く思います。シードマネーを集める時、誰も投資してくれず、個人保証をつけて借りるしかないようなビジネスアイデアなら、まだ起業準備が整っていないと考えるべきです。

シードマネーが集められるか？　起業家最初の試金石

ベンチャービジネスへのマネー供給者の代表格と言えば、ベンチャーキャピタル（VC）です。ただし、VCは創業前の段階で投資することはほとんどありません。アーリーステージで投資するVCでも、会社というハコができて、ある程度ビジネスが回っていないと投資対象にはなりません。シードマネーの供給者ではないのです。

私見ですが、創業マネーの出し手の少なさが、我が国の起業経済の最大のネックになっていると思います。ですから政府は、もっと大胆なエンジェル減税政策などを実行すべきです。

しかし、一時の情報技術（ＩＴ）ベンチャーバブル期のように資金調達が容易すぎるのもまた逆に考えものです。

つまり「艱難《かんなん》汝を玉にす」という中国の諺どおり、ある程度苦労があった方がいいのです。創業資金調達は起業家としての力を試される最初の試金石なのです。

最後はあなたの人間力がモノをいう

第15～16章では、シードマネーのあり方を詳しく書いていきますが、どんなパターンも、結局最後は、あなた自身が築いた信用と、あなたのビジネスへの情熱から感じさせる潜在的な力、オーラ、人間力――これらがモノをいいます。アイデアだけではお金は集まりません。現在の職務や課外活動を通じて培ったさまざまな人々からの信用。これはまさにあなたの宝物です。これを活かすのです。

いずれにしても、自分のお金だけでは全く足りないわけで、誰かに頭を下げ、自分のビジネスに投資してもらわねばなりません。

起業を目指すひとには、声を大にして言いたいです。

「多くのひとに会い、自分を理解してもらい、信頼を受けられるように、常日頃から人脈をつくり、人間力を磨いておけ」と。

第15章

シードマネーの出所を知ろう

シードマネーの確保は、起業家が直面する最初の難関と書きました。そう、創業期の資金集めは、どんな起業家でも苦労するものなのです。そこでは、いろいろなドラマが生まれます。

もし、「起業家の私はいかに創業資金を調達したか?」というテーマでたくさんの起業家たちのエピソードを集めた本を作ったなら、面白く、スリリングなストーリーがたくさん集まり、起業家を目指すひとにとって非常に興味深いものになることは間違いありません。

起業家にとって、それほど資金調達は厳しい課題なのです。特に優秀な財務担当の社員を雇い入れるまでは文字通り「日々決戦」です。

では、シードマネーは一体どこから調達すればよいのでしょうか?

お答えいたしましょう。

●ベンチャーキャピタルは原則としてシードマネーを出さない

米国のベンチャーキャピタル（ＶＣ）業界では、ベンチャーを立ち上げ、軌道に乗せるまでの資金を段階に応じて命名しています。シードマネー、ファーストラウンドファイナンス、セカンドラウンド、サードラウンド、メザニン（中2階の意味。株式公開直前の資本政策）、ＩＰＯ（株式公開）、セカンダリーオファリング（公開後の時価発行増資）――という具合に。

プロのキャピタリストは、その会社がどの段階の資金を必要としているかを見極めて投資の判断を行います。

そして端的に言えば、ＶＣはシードマネーを出しません。シードマネーを利用して創業し、しばらくして目鼻がついた会社が、初めてＶＣの投資の対象になり得るのです（一部例外はありますが）。

では、そもそも必要なシードマネーはいったいどこからどう調達すればいいのでしょうか？

以下、思いつくままにシードマネーの出所を列挙します。

①自分自身および創業メンバーの貯蓄を寄せ集める

②親や親戚などから借りて、自分が出資
③友人・知人に投資してもらう、あるいは借りて自分が出資
④エンジェルから投資してもらう（融資とセットで）
⑤個人保証を入れて国民金融公庫などから借金する
⑥別の事業である程度成功し、それを売却して種銭にする
⑦未公開ベンチャーでストックオプションをもらい、公開後、行使してまとまった金にして創業
⑧ベンチャープランコンテストに応募して賞金を得る
⑨インキュベーターの門をたたく
⑩アーリーステージ専門のＶＣの門をたたく

このうち最初の3点、つまり、
①自分自身および創業メンバーの貯蓄を寄せ集める
②親や親戚などから借りて、自分が出資
③友人・知人に投資してもらう、あるいは借りて自分が出資

については、解説不要でしょう。今も昔も資金調達の王道です。まずはこの道を追求すべきです。この3つを実行できれば、創業メンバーが3人もいると何とか1000万円くらいは集まるはずです。

では、もう少し距離の離れたひとたちからはどのように調達すればいいのでしょうか。それぞれの方法について順次解説しましょう。

日本のエンジェルはどこにいる?

シードマネー段階で投資を頻繁に行うお金持ちたちがいます。彼らを「エンジェル」と言います。起業家にとって、まだ海のものとも山のものともつかない事業計画の段階で投資してくれる本当にありがたい、まさに「天使のような」存在です。

米国では、このエンジェルの存在が起業促進の上で非常に効果が大きいと言われます。逆に日本にはエンジェルが少ないため、最初の一歩が踏み出せずにいる起業家が多いのです。ではエンジェルとは具体的にどういうひとでしょうか?

パターンとしては、

①起業家として成功し、ある程度の財を成したひとが、その一部を個人資産管理会社を通して投資資金に割り当てる
②お金持ち同士のつながりから、企業オーナーなどが誘われておそるおそるやってみる
③外資系金融機関などで財を成した個人が始める

といったケースが多いようです。

いずれにせよ、彼らは名誉を得るための篤志家的な動機で投資するわけではありません。株式を所有しそのキャピタルゲインを期待しています。ただし、純粋にリターンの極大化を追求するVCと異なり、「キミに惚れた」といった情緒的な投資もあるようです。

では、実際にどうやればそういった〝エンジェル〟たちとめぐり合えるのでしょう?

正直なところ、私もこうすれば必ず出会えるという解は持ち合わせていません。起業家志望者が集まりそうな会に頻繁に顔を出し、他人から情報を仕入れるとか、自分のあこがれる経営者に直接手紙を出して面会を要請し、エンジェル的な人物の紹介を乞う、などが考えられます。いずれにせよ、強い意志があり行動力が伴えば、おのずと道は開けると信じてください。

私が知っている中では、東証二部上場のブライダル産業の風雲児、テイクアンドギヴ・ニーズ社の野尻佳孝社長が特にユニークです。彼は創業前、毎日夕方になるとホテルオークラのバーに

入り浸り、バーテンさんと親しくなって、なじみのお金持ちへの紹介を頼んだそうです。そんなところからエンジェルを見つけたとは、たいした根性ですね。

ひととひととの出会いは摩訶不思議なもので、神様のお導きというほかないような展開になることがあります。それも一つの「強い運」と言えましょう。

私の友人である井浦幸雄さんが主催する日本エンジェルズ・フォーラム（http://www.angels.ne.jp/）は、エンジェルと起業家の〝お見合い〟の場を設定していますので、ここにアプローチしてみるのも手でしょう。

井浦さんは元日銀マンでスイス・バーゼルの国際決済銀行などにも勤務されました。大いなる志のもと、日本エンジェルズ・フォーラムを組織し、ベンチャー企業に対する投資とコンサルティングに注力していらっしゃいます。今後のさらなるご活躍に期待したいと思います。

第16章

シードマネーを調達しよう

前章ではシードマネーの出所とシードマネー段階で投資を行うエンジェルについて説明しました。

もちろん、起業家を志すひと誰もがエンジェルにめぐり合うということはあり得ません。多くのひとは何とか自己資金を作って創業しているのが現状です。

自分の蓄えに加え、親兄弟・知人親戚をおがみたおして、最低限500万円くらいは集める根性がないと創業は難しいと思ってください。

私の周りにいる起業家の実例から、30代で自己資金を使って創業したひとたちを見てみると、

Aまずは、自分の出せる範囲で有限会社でもいいから会社を作り、それを軌道に乗せながら株式会社化を目指す

B 資本金の軽い別の事業である程度成功してそれを売却してシードマネーにする
C 未公開ベンチャーでストックオプションをもらい、公開後、行使してまとまった金にして創業

——という例が多いようです。

つまり、最初から2000万~5000万円を用意できるひとはやはり例外的だということです。

たとえば、軽作業派遣業を立ち上げてあっという間に東証一部上場にこぎつけ、いまなお急成長中のフルキャストも、社長の平野岳史さんが家庭教師派遣業を細々と始めたのがスタートだと聞きました。そんな草の根ビジネスから次第に大きくなった企業も数多いのです。

では、そのほかのスタートアップのパターンをいくつか見てみましょう。しかしいずれも特殊事例に近いものだと認識してください。

①起業コンテストに参加

エンジェルから資金を得る以外に、起業アイデアコンテストに参加して優勝し、資金を得ると

いう方法があります。ニュービジネス協議会によるニュービジネス大賞や自治体主催のものなど、探せばいろいろ出てきます。

それらに片っ端から応募するのです。優勝アイデアには誰か投資家がつく可能性があります（絶対つくとは限りませんが）。

しかし、この手のアイデアコンテストは、はっきり言って玉石混交で、質のばらついた起業アイデアの洪水の中にあなたのアイデアがもまれることになります。

また、ステルスモード（秘密に事業準備をすること）を捨て、ビジネスアイデアを世間にさらさねばならないのも欠点です。

②大学発のベンチャー創業制度

最近、我が国でも大学の中に眠っている技術をビジネス化しようという動きが活発です。政府は、3年で1000社の大学発ベンチャーを生むという目標を掲げているようです。

もしあなたが大学の助手などの立場で技術的に優位性があるのであれば、そのような動きに乗るのがよいでしょう。ただし、具体的にどのような制度なのかについては、私はあまり詳しくありません。申し訳ありませんが、ご自分でお調べください。

③インキュベーターを利用(ネットエイジもぜひ!)

インキュベーターとは事業孵化サービスを手掛ける存在のことです。主に事業構築のアドバイスを行うタイプと、オフィススペースや法務・労務・経理・人事などのバックオフィス業務の提供、法律相談、経営相談などの機能を提供しているタイプとがあるようです。地方自治体などの行うインキュベーターの大半は後者に属します。

前者のインキュベーターのうち、一部は起業家が作った、あるいはこれから作ろうとする会社への出資も行っています。たとえば、東証マザーズに上場したドリームインキュベータ(http://www.dreamincubator.co.jp/)などもそうです。また、現役技術者を起業家に仕立てあげるアイティーファーム(http://www.it-farm.com/)という会社も注目すべき存在だと思います。

ちなみに私の作った会社ネットエイジはネットビジネス専門のインキュベーターです。主に、社内でビジネスアイデアを生み出して、プランニングから技術開発まで一貫して内製して作っていくという、「自作自演」型のインキュベーションを特色としています。

この方式で過去7年間に合計20社を生み出しました。ずいぶんやったなあ、とわれながら時折感心してしまいます。

一方、当社では外からの起業家の卵を迎え入れる制度もあります。これを「ＥＩＲ（Entrepreneur in Residence＝住み込み起業家制度）」と呼んでいます。

実はＥＩＲはシリコンバレーの一部の先鋭的なベンチャーキャピタル（ＶＣ）が行っているのを知って、当社でも始めたものです。もちろんスピンオフの時には創業期投資をします。この制度から2社が生まれています。それぞれの詳細については当社のウェブサイト（http://www.netage.co.jp/）をご覧ください。

我こそは、というネット起業家志望のあなた、素晴らしいビジネスアイデアを引っさげて当社のＥＩＲの門をたたいてみてください。メール１本からあなたの運命が変わるかもしれません。いつでも歓迎ですよ！　info@netage.co.jp までどうぞ。

第17章

投資家との「理想の関係」を心得よう

すでに記したように、あなたが本格的な起業家として事業を成長させ、会社を発展させていきたいと思っているなら、自己資金だけでは到底足りません。

つまり、あなたはいろいろなひとからお金を集める能力を身につけなくてはなりません。となると当然、実際にお金を出してくれた投資家、つまり株主たちとの付き合いが宿命づけられるのです。シードマネーを集める段階から、上場時、そしてさらに企業規模を大きくするとき――会社を立ち上げたということは、イコール株主と常に向き合って仕事をする、ということにほかなりません。

ところが、新しくベンチャーを始めるひとにはその意識が案外薄い。そこでここでは、そもそも起業家にとって株主とは何かを、きっちり説明しておくことにいたします。

●感謝の念とリターンで報いる気構えを忘れるな！

会社を立ち上げた起業家には、さまざまな責任がのしかかります。

顧客や取引先に確かな財・サービスをお届けする責任、従業員の生活を保障する責任、法律を守って経営する責任……。

しかし、常に何にも先んじて考えるべきなのは、株主への約束を果たす責任です。

株主への約束とは何か？　それは出資金に応じて経済的なリターンをもたらす努力をする、という約束です。

特に事業の目鼻がつかない創業初期段階で投資する株主は、非常に大きなリスクを負ってくれています。自分のアイデアに大切なお金を投じていただいたという感謝の念、そして、なんとしても投資に見合うリターンをお返しして報いるぞ、という気構えを一瞬たりとも失ってはなりません。だから、少しでも早く事業を軌道にのせ、利益をあげることに全力を尽くす必要があるのです。

もちろんそうした行動は、投資家のためだけでなく、起業家自身のためでもあります。

もっとも、投資家もリスクを承知で投資しています。事業が失敗したら、出資金はもどらないことは覚悟の上でしょう。

一部の投資家は、うまくいかなかった場合に備えて、投資契約に起業家による株式の買い戻し条項を入れることもあるようですが、これは論外だと思います。

リスクをとらず、リターンだけ狙うというのは虫が良すぎる話です。もしそのような投資契約を押し付けてくる投資家がいたら、きっぱりと拒絶すべきです。もちろん、投資家が買い取ってほしいという希望を申し出る自由は常にあります。しかし、買い取りを起業家に対する契約上の義務とすべきではありません。

起業家にとって投資家は自分のビジネスプランに賭け、リスクをとって大切な資金を拠出してくれるありがたい存在です。しかしだからといって、なんでもいいなりになる隷属関係に陥る必要はありません。

理想は「フェアプレイの精神」で起業家と投資家が結ばれた関係です。

投資家は金銭的リスクを負う。起業家はリスクを負ってくれた投資家に報いるよう全力を尽くす。経験豊富な投資家のアドバイスをありがたく拝聴する。そして努力する。成功すれば両者ハッピー。失敗しても投資家は出資金のみの損失で済む。起業家は個人債務などで引きずられることなく再起を図る。投資家は、起業家が最善を尽くした結果ならばそれを甘受し、別の投資機会を追う……。

こういうフェアな関係です。唯一、投資家が怒っていいのは、起業家が最善を尽くさず、やるべきことをやっていなかった場合でしょう。

投資家との関係が悪化するきっかけは何か？

起業家と投資家は、ともに事業の成功を夢見る立場という点で、利害は一致しています。しかし不幸にして、関係がぎくしゃくすることもあります。

起業家側に問題がある典型例が、コストについて勘違いしてしまうパターンです。出資・増資が決まったとたん、社長自身の給料を大幅に上げたり、オフィスを豪華にしたり、高級な社用車を買ったり……。こんなことをすると必ず投資家の顰蹙を買い、両者の関係も気まずくなります。

もちろん起業家は成功したら堂々と贅沢していい。しかし、自分が贅沢するのは、投資家にリターンを返したあとと心得るべきです。

逆の意味で私が驚いたのは、マネックス証券の松本大社長です。

彼は「ネット証券戦国時代」と呼ぶべき激動期に、大変な努力の末、株式公開を果たしました。そのあと彼のオフィスを訪ねる機会があったのですが、「え?　これがあのマネックス?」と驚くような質素なオフィスでした。

入り口にはダンボールの山。社長室すらありません。机はみんなで長いテーブルを共有しています。キャスターつきの引き出しを適当にはめて、せまいスペースで作業しています。一つずつ独立した机を使うより、人数の増減にフレキシブルに対応できるからだと聞きました。

私が思うに、上場は果たしたもののまだ黒字化する前だから徹底的なコスト節減をしていたのではないでしょうか。

マネックス証券は現在東証2部に昇格し、オフィスも立派なところに引っ越しされましたが、あの質素さは見習うべきだと思います。そういえば、むかしアマゾン・ドット・コムのオフィスを訪問したときも同様の質素さを感じました。

もう一つ、起業家の悪いパターンに、「聞く耳持たず」の状態になってしまうことがあります。「お金はありがたく投資していただいた。あとは口出ししないでほしい」というタイプです。

投資家は多くの場合、起業家より経験豊富です。さまざまな角度から事業の成り行きを見ています。投資家の意見には素直に耳を傾ける。そんな姿勢が起業家には必要です。

第18章

ガレージベンチャーを礼賛する

やっとの思いでエンジェルと出会うことができた。いろいろな投資家にビジネスプランをプレゼンするチャンスも得た。けれど、誰も取り合ってくれない……。

もし、そんな事態に陥ったなら、あなたの人格的魅力が欠乏しているのか、ビジネス経験が全く不足しているのか、あるいはビジネスアイデアがよほどイケテナイのかのどれかだと思っていいでしょう。

こうした場合、当面の起業をあきらめて雌伏するのが一般的です。しかし「いや、このビジネスは必ずいける。世の中のひとがまだ理解できないだけだ」と確信している〝孤高のひと〟型起業家のあなたが取り得る方法が、ひとつだけあります。

それは〝ガレージベンチャー〟を興すことです。

ガレージベンチャーは起業の最終手段だ

　ガレージベンチャーとは何か?

　文字通り、自宅のガレージ（といっても日本では自宅そのものとなるでしょう）か、極めて家賃の安いオフィスで興す会社のことです。

　資本金３００万円の有限会社でも、資本金１円の確認会社でもかまいません。とにかく会社を興します。そしで、名刺だけはきちんとしたものを作り、「代表取締役」の肩書きを持って社会に出て行くのです。

　もちろん､最初から自分のビジネスプランを実現しようとしたら、とてもお金が足りないでしょう。ですから、徹底的にアライアンス戦略をとります。他企業の門をたたき、正々堂々と自分のビジネスアイデアを訴え、パートナーになるよう要請するのです。そうしているうちに、運命の扉が開かれるはずです。

　もしその扉が開かなかったら?　その時はただちに方針転換し、本当にやりたいビジネスを3年後、5年後に取っておいて、まずは小資本でできるビジネスに手を付け、それを徐々にふくらませていくのがいいでしょう。

考えてみれば、ほとんど無資本でできる会社も世の中にはあります。

たとえば、ネーミング・コンサルタント（商品名を提案するひと）。まさに自分の頭脳とセンスが勝負で、資本はほとんど必要ありません。失敗しても怪我は小さくて済みます。再びチャンスがめぐってくるまで、こうした小資本でできるビジネスで食いつなぎながら、チャンスを待つのです。

●ネットエイジもガレージベンチャーだった

かく言う私も、実はガレージベンチャーからスタートしました。友人・知人に創業目論見書を持って回り、何とか1500万円を集めて渋谷の古びた歯医者のビルの2階で創業しました。

起業家同士で話していると、時折ガレージベンチャー自慢になることがあります。「創業当初、いかにうちはボロかったか」を競うのです。そこには、よりボロいところからはい上がった方が偉い、という暗黙の前提があります。

その点でいうと、私が知る限り最強のガレージベンチャー創業者はメールニュースの才式祐久さんです。

彼は新宿6丁目の青梅街道の裏にある、「あおい荘」という典型的なぼろアパートの、日の差さない4畳半の部屋で創業しました。トイレは共同で部屋の外にありました。創業パーティーと称して起業家志望者5人ほどがそのアパートに集まり、鍋パーティーをやったのを思い出します。それが4年後には資本金3億円、売り上げ2億8000万円、社員43人に成長し、2001年にはサイバー・コミュニケーションズに買収されるまでに大きくなりました。創業期を知るひとにとってはものすごい成長であり発展です。

「どん底」時代を耐えられますか？

最近は豊かな社会に生まれ育ったひとが多いためか、このような「どん底」的な環境にはとても耐えられない、というケースも多いようです。けれども、いざ起業をするとなったら、今までの快適で優雅な生活を一時ストップする覚悟が絶対に必要です。

コストを切りつめなくてはいけないのですから、オフィスはぼろいのが当たり前。休暇も満足に取れません。収入もある程度成功するまでは、かなり減ることになる場合がほとんどです。一流企業のビジネスパーソン時代、名刺を出すだけで得られたある種の権限もステータスも消滅します。

というと、多くのひとは「そこまでしてやることか、起業って?」と手や足が止まってしまう。日本で起業というチャレンジが比較的少ないのは、あまりに豊かな社会特有の病理なのかもしれません。

アメリカは常に一定量の移民を受け入れます。移民のひとたちは失うもののない強みでアメリカという新天地で自分の人生をどん底から作り上げようと努力します。そんな彼らのなかで、最も優秀なひとたちが狙う最高の夢が「起業家として成功すること」なのです。いかにすさまじいハングリー精神に満ちているかは想像に難くありません。

しかし、日本の豊かな社会にも、ハングリー精神とは違う意味で起業を促す要素が潜んでいるように思えます。それは「人生不完全燃焼症候群」「何かに熱中したい病」「自分探し症候群」といったものです。

こうした状態に陥ったひとたちは、「豊かだけれども平凡で刺激のない人生」より、「不安定でもエキサイティングな人生」を志向しているのです。「豊かな社会では起業家が出にくい」という定理を打ち破るとしたら、こういう人々かもしれません。豊かな世界に育った恐れを知らない新世代起業家たちの出現を期待しましょう。

アップルだってHPだってヤフーだってガレージから始まった

今や世界に冠たる大企業のヒューレット・パッカード（HP）も、アップルコンピュータも、そのスタートはガレージベンチャーです。アマゾン・ドット・コムはシアトルの貸家のガレージでの創業ですし、ヤフーはスタンフォード大学のキャンパスに打ち捨ててあったトレーラーハウスが発祥の地です。

ひとに甘やかされない方が強くなるのは、会社もひとも同じこと。最初からそこそこきれいなオフィスでお膳立てを整えてスタートするよりも、天井と床が落ちてきそうなぼろぼろのオフィスでスタートした方が、どんな環境でもサバイバルできる強靭な会社になる！　……とまあ、そんな気がします。

ガレージベンチャーの精神は、アントレプレナーの原点に通じています。ガレージベンチャーに栄光あれ！

第19章

株主構成と資本政策をどうするか

前章まで、創業にまつわるノウハウを記してきました。

改めて言うまでもないことですが、創業して最初の1年は、一生のうちで最も仕事をするという覚悟を決めてください。日々、恐ろしく集中して仕事をするのです。

無我夢中で1年を終えた頃には、ようやく顧客もある程度の数になり、事業立ち上げのめどが見えてくることでしょう。事業がうまく進んでいけば、増資を視野に入れて行動していくことになります。

そこでここからは会社設立、またその後の増資に際して最大のポイントとなる株主構成、資本政策について、少しだけポイントを記していきます。

資本政策はステップバイステップで前へ進み、決して後戻りができません。創業前から、正しい知識を入れておくことが重要です。

株式は起業家にとって「血」であり「肉」である

イエス・キリストは最後の晩餐の時、弟子たちに向かってパンとワインを「これは私の肉であり、これは私の血である」と言いました。

それになぞらえ、GMO（グローバルメディアオンライン）の熊谷正寿社長は「起業家にとっては、株式こそが血であり肉でもある」とおっしゃっています。それほど大事なものです。なぜなら、株とは自分の人生の全てを賭けようとするその企業の所有権そのものであり、商法に規定された経営権・意志決定権がそのシェアによって決まるからです。また、当然ですが儲かった際の分け前、つまり配当のシェアも出資シェアに比例します。

大事な大事なその株式を誰に所有してもらうのか。これは起業家にとって非常に重要な問題です。

まず、会社設立の時点で出資者を決めなくてはなりません。その後、増資を行う際にはまた出資者が増えます。最終的にどのような出資者構成とするのが良いのでしょうか。

当然ながら、創業時点では会社の実績はゼロです。〝絵に書いた餅〟に投資してもらうわけで、あまりこちらから株主を選べる立場にはないという考えももっともです。

しかし、できることなら、事業の立ち上げにともに情熱を傾けてくれるひと、仕事を与えてくれるひと、企業経営のアドバイスをくれるひと、何かと世の中にコネクションを持っていて役に立ってくれるひとなどに創業株主となって欲しいものです。

間違っても、暴力団関係者などの怪しい筋の人々を株主にしてはなりません。ひとの紹介であっても、自分が直接知らないひとを株主にするのは原則やめるべきでしょう。たとえ一株だけでもそのようなひとを株主にすると、あとで法外な値段でその株の買い取りをしなくてはならないはめに陥ります。くれぐれも気をつけましょう。

その後の増資についても同じことです。増資については後の章で詳しく書きますが、何度かの増資を経て、いよいよ株式公開（ＩＰＯ）という時、株主構成や株主の顔ぶれが思わぬ障害になることもあり得ます。

成長企業を目指すなら、ＩＰＯを意識した株主構成の理想形に少しでも近づけたいものです。このあたりは経験豊富な起業家、ＣＦＯ（最高財務責任者）経験者、未公開企業の成長・公開コンサルタントなどのアドバイスなどを求めるべきでしょう（何なら私にご相談ください）。

起業家自身はどのくらい株を持つべきか？

起業家自身の資本比率はどの程度にするか？

これは非常に難しい問題です。また、日米企業間で発想が異なる点でもあります。

日本では一般的に創業起業家自身のシェアは、未公開時代はできるだけ高いに越したことはないと考えられています。全部自己資金で創業できれば１００％シェアです。また、国民金融公庫などでの借金でまかなえば、シェアの低下を防ぐことはできます。

大きなビジネスをやるためには、到底、個人マネーだけでは足りませんので、ベンチャーキャピタル（ＶＣ）の資金を導入します。日本では、ＶＣの資金導入後も起業家のシェアが下がらないよう、多くのワラント権を出して、起業家に付与したりしていました。

逆に米国では、若い起業家はお金をほとんど出しません。だいたい日本円で数十万～１００万円レベルのことが多いです。シェアはせいぜい25％程度取れれば上出来として、残りはＶＣが取ります。つまり、起業家は社長といえども絶対権限はなく、お山の大将にはなれません。

逆に言えば、自分の好き放題にはできないのです。常にシェアを多く持つ投資家の意見や目を気にしながら経営していく。その緊張関係が経営にも好影響を及ぼすのだ、とアメリカでは考えられています。

私もどちらかというとこの考えに賛同します。

いずれにせよ、ある程度本格的なビジネスをやろうとすると、自分で払える金額には限りがあります。そんな時、エンジェルから借金させてもらい、それを使って株を買って半分以上のオーナー権を保持するというやり方もあり得ます。つまり投資と融資の抱き合わせをお願いするのです。会社が成功したら借金を返済します。会社が失敗したら、一生かかってでも返済します。

エンジェルによっては担保も取らず、失敗しても返済を追及しないという、まさに天使のようなひともいるようです。ただし、このようなケースは起業家がそのエンジェルからよほど見込まれた場合に限られます。また、再起して成功した暁にはやはり返すのが筋です。あくまで例外と考えてください。

第20章

「増資」という試練を乗り越えよう

昨今、「キャッシュフロー経営」の必要性が強調されるようになってきました。ベンチャーのスタートアップに必要なのが、まさにこのキャッシュフロー経営です。つまり、出て行くお金を可能な限り制し、入ってくるお金を増やすことに尽きます。

キャッシュフローを黒字化するには

会社設立から営業開始までは、おカネは出て行く一方です。

では、いつになったらおカネは入ってくるのでしょうか？

いろいろな準備を終え、商品、あるいはサービスをようやく完成させ、テストののちに営業開始し、しばらくして初受注し、商品・サービスを送り届け、請求書を送る――。その翌月にようやく初めての「入金」があるのです。

サラリーマン時代は、経理担当におまかせで、気にもかけなかったことですが、初めて銀行通帳に入金があった時の感激は起業家として一生忘れられないものです。それほど人様からおカネをいただくのは大変であり、かつありがたいことです。

さて、この入出金のバランスが取れ、ついに入金が出金を上回るようになった時が、月次のキャッシュフロー黒字です。

ベンチャー立ち上げとは、集めた資本金を使って事業を開始して、資金が底をつかないうちにこのキャッシュフロー黒字までこぎつけることができるかどうかのゲームと表現していいでしょう。

ただ、通常、ベンチャーは最初の資金調達では足りないので、事業の骨格ができてくると第三者割り当て増資や銀行からの融資などを行い、資金をつなぎます。

あとはキャッシュフローの黒字化が命です。その時までに会社のお金が尽き、借り入れも増資もできなければ、一巻の終わりです。逆に黒字化が見えてくれれば、明るい未来が見えたのと同様、増資もやりやすくなります。

事業拡大と増資はワンセットだ

以前、株式公開（ＩＰＯ）は社歴ウン十年の同族企業が証券会社の後押しでおそるおそる行うものでした。

新時代の起業家は、あらかじめ5年以内の上場を見据えて準備します。ＩＰＯまで2、3回増資の必要があります。起業家には、創業の試練を乗り越えた後、事業を発展させながら増資も成功させていくという次なる試練が待ち構えているのです。

最近の典型的なケースは、まず３０００万円程度で創業し、営業開始後しばらくして1～2億円を増資。さらに発展にともなって2、3年後に3～5億円程度を増資によって得て、合計4～7億円を調達する。創業4、5年目でＩＰＯを果たし、その時さらに10億円くらいを公募で増資、というパターンです。

こうして、新しい公開企業が続々と巣立っていき、産業の新陳代謝が行われる。それが私の理想とするベンチャーエコノミーの姿です。

話を増資に戻しましょう。

増資の目的には、主として3つのパターンがあります。第1は事業の発展に伴う増資。つまり資本金を増やし、事業をさらにスケールアップする前向きの増資です。望ましい姿です。

第2は、株主構成を変える増資。有力企業からの資本参加や、起業家自身のシェアをさらに高めるための増資などです。

第3は危機脱出の増資。創業時の計画通りにいかず、資金がもっと必要になったり、または資金繰りが苦しくなったりという、切迫した増資です。第3の場合、増資に応じる投資家を探すのがより難しいことは言うまでもありません。

●好調でも不調でも増資は必要だ

つまり、事業が好調に推移しても、またうまくいかなくても、起業家は増資の必要性に迫られるわけです。実際、瀕死の状態から何とか増資を成功させ、その後順調な発展軌道に乗った例も多々あり、後者の場合でも、増資が絶望というわけではありません。

ただ、増資は手間と時間がかかります。いきなりお願いしても、すぐOKしてくれる出資者が見つかるケースはほとんどありません。増資の実行目標の半年以上前から綿密に準備する必要があります。投資家候補リストを作り、順番にアポイントをとり、説明し、何度かやりとりを行い、増資のOKが出るまで、3ヵ月ぐらいはすぐたってしまいます。

起業家としては事業の立ち上げでただでさえ大忙しなのに、それに加えて増資にかなりの時間が割かれることになります。理想を言えば、女房役のような財務担当者が増資活動をしてくれればいいのですが、ほとんどの場合、そんな贅沢な状況にはないでしょう。

創業するだけでも大変。事業の立ち上げも大変。そして増資も……。起業家は、次々に試練が押し寄せる綱渡りの日々を過ごすことになるのです。

そこで次章では増資の具体的な駆け引きについて述べましょう。

第21章

株価をめぐって投資家と駆け引きする

前章で起業家にとっての大いなる試練である増資活動の意味合いについて述べましたが、この章では、さらに突っ込んだ実務的な話をしましょう。

増資する場合は、まずは必要な資金を算出します。多少多めに見積もっておいたほうがいいでしょう。そして、その資金を得るために発行する「新株の株数」×「株価」を決めます。

つまり、増資の目論見書は、全体の事業プランに加え、増資の金額、その資金使途、株数、株価が骨格となります。この目論見書を持って、ベンチャーキャピタル（VC）をはじめとする多くの投資家候補者に出資のお願いに回るのです。

増資時の株価はどう決まる?

その際、焦点となるのが、増資時の株価です。投資家、特にＶＣは職業柄、増資の際の株価の値踏みを何度も経験しています。一方、起業家にとっては初めての経験です。ベテランＶＣにとって、ナイーブな起業家との交渉など、赤子の手をひねるようなものです。ですから、起業家もこの辺を最低限勉強して理論武装する必要があります。

理論武装の骨格となる概念が会社の企業価値です。

企業価値は、別名バリュエーション、または時価総額、マーケットキャップ（Market Capitalization の略）とも言います。時価総額とは、発行した会社の「株式数」×「株価」で表す金額です。株価は、時価総額から逆算されて出てくるものです。つまり、少しでも高い時価総額（＝企業価値）を投資家に認めさせる根拠や理屈が必要なのです。

たとえば、「今回の増資では、１億円を調達したい。そのときの新株主のシェアは資本構成上、20％以内にとどめたい」と目論見ますと、１億円で20％ですから、会社の企業価値は逆算して５億円を投資家に正当化する必要があります。

なお、増資を受ける前の会社の企業価値を**プレマネーバリュエーション**、受けた後の企業価値を**ポストマネーバリュエーション**といいます。よく、手馴れた投資家が「プレでいくら、ポストでいくら」という話をしていますが、そのことです。増資を受けた直後は受けた増資金額分だけ価値があがっていますので、前記の例でいう5億円とは、ポストの金額となります。プレマネーでは4億円となります。

この言葉は、増資を受ける側の起業家としてもぜひ知っておいてください。「君のいう企業価値は、プレのこと？　ポストのこと？」と聞かれたとき、「はあ？」では馬鹿にされてしまいますから。

増資の際、大事なのは企業価値の額です。投資家としては、できるだけ少ない金額で多いシェアがほしい。起業家はその逆です。このあたりで起業家と投資家の虚々実々の駆け引きがあるわけです。

●企業価値はどう算出する？

では、企業価値はどうやって算出するのでしょう。

上場している企業であれば、先ほどの式のとおりであり、難なく算出されます。つまりその時の株価×株数です。別の言葉でいえば、完全買収するのに必要な金額です。

では、株価が市場でついていない未上場の会社が増資する場合はどうするのでしょう？　これは少々ややこしいのが現実です。

企業とは煎じ詰めていえば、「**キャッシュを生み出す金儲けマシン**」です。

つまり、企業の価値は、今後その企業がどのくらいキャッシュを生み出せる能力があるかで、決まります。実際の企業価値の計算は複雑かつグレーゾーンもあり、それを説明するだけで一冊の本になってしまいます。そこで、ここでは式を使わず、概念のみラフに申しましょう。

ある企業の現時点での企業価値とは、「将来その会社が生み出すであろうキャッシュの現在価値の総和に等しい」となります。世に言うＤＣＦ法（Discounted Cash Flow）による企業価値の計算です。

ある企業が毎年1億円のキャッシュフローを出すことが永続的に見込まれるとします。

割引率を10％とすれば、1年目のキャッシュは1億円の価値、2年目は1億円×０・９＝９０００万円の価値、3年目は1億円×０・９×０・９＝８１００万円の価値、とだんだん下がっていきます。

なぜ、下がっていくのでしょう？

今の100万円のほうが、5年後の100万円より、価値が高いためです。そうやって現在価値のシグマ（総和）を計算するのがDCF法です。実務的には、毎年の利益の伸びの目標から、5年分程度の表計算の数字をひっぱりだし、6年目以降は5年目と同じ状態が続く、という仮定で計算することが多いようです。

また、割引率をどうするかで大きく企業価値はぶれてしまい、絶対の尺度というものではありません。実際に、将来生み出されるキャッシュフローの予測など、非常に不確実なものをベースにしている点にも限界があります。

しかし、実際問題として、増資やM&Aの際にまずはDCF法による企業価値の算出がベースとされますので、専門書で詳しく勉強してください。

もうひとつの代表的な指標に株価収益倍率PER（Price Earning Ratio）があります。ただし、これはすでに利益が出ている会社でないと使えません。PERは株価を1株当たり利益で割った数字です（利益とは当期の税引き後の最終利益です）。一株単位でなく、会社全体でいうなら、会社の時価総額を最終利益額で割った数字です。1株当たり10円の利益を見込む会社の株価が100円なら、PERは10倍となります。2億円の最終利益を出している会社の時価総額が100億円であれば、PERは50倍です。

ＰＥＲの平均値はその時の株式相場の平均相場というものがあります。また、業種の平均ＰＥＲというのも指標になります。バブリーな時期ですと、ＰＥＲは１００倍以上まではねあがり、落ち着きますと10~20倍程度になります。東証１部に上場している伝統的企業は10~20倍前後、東証マザーズなどに上場している成長性の高い会社は１００倍以上もありえます。

ただ、未公開企業の場合、公開が近いとしても公開企業の相場の半分くらいにディスカウントされます。まして、公開が見えていない時点ですと、さらにディスカウントされます。

あなたの企業の職種と似通った現在の上場新興企業のＰＥＲが50倍くらいだとすると、あなたの会社の妥当なＰＥＲとして20倍くらいにみせることは可能でしょう。ということは、今期２０００万円の利益を出せる見込みがあれば、4億円という企業価値（プレマネーバリュエーション）を主張できることになります。１億円の増資をもくろむなら、ポストで5億円となりますから、1億円を出した新株主のシェアは20%となります。

会社が傾きかけているときに、延命のために増資をおこなうことがあります。そのような増資は、当然ながら、さらに低いバリュエーションとなります。最下限のめどは、貸借対照表における純資産と同一価格ですが、出血が続いているときはそれ以下もありえます。

●創業直後の赤字会社の企業価値は？

しかし、創業したばかりの会社が最初から黒字を出すということは例外中の例外です。では、赤字会社はどうするのでしょう？

投資家は、特にVC側は、投資しなければ商売にならないという宿命がありますので、赤字だからといって、門前払いしているわけではありません。最近は単にお金を出して公開を待つだけという受け身のVCではなく、真に起業支援的な行動を取るVCも増えてきています。ともにリスクをとろう、という運命共同的なVCであれば、創業時投資を行います。

つまり赤字会社への投資です。

赤字の場合は、〝絵に描いた餅〟ではありますが、5年程度の売り上げと利益の予測を含む詳細なビジネスプランを作ることです。急速な売り上げの成長と数年後の莫大な黒字、そのDCF法による企業価値の算定、またIPO（株式公開）時のキャピタルゲインのめどを示して、投資家を説得するのです。

プラン通りいけば素晴らしい投資となるわけですが、実際には、なかなかそううまくはいきません。投資家はプラン通りいく確率を割り引いて考えながら企業価値を決めます。

以下、ざっくりと例を示してみましょう。

「今は創業2年目で、まだ赤字だが、売り上げは伸び始めた。5年後売り上げ50億、最終利益5億を達成し、PER20倍の時価総額100億でIPOする」というプランを作ったとします。「そういう可能性のある会社の10%分の株を今、1億円で買いませんか。5年後にIPOすれば、100億の10%、つまり10億円の価値になりますよ」と誘うのです。

たしかに5年で10倍になれば、投資としては大成功ですが、今1億円出して10%を取るということは、現在の企業価値が10億円ということになります。まだ黒字にもなっていないのに、それはいくら何でも高すぎる、と、投資家側は半値八掛けします。その通り実現する期待値が40%だと考え、「4000万なら応じるよ」、あるいは「20%分なら1億出してもいいよ」と応じるわけです。

こうして、駆け引きが進みます。

株式相場が加熱している時は、未公開企業もそれに引っ張られ、企業価値が高くなりがちです。逆の場合もあります。調達金額の多寡や、増資のしやすさしにくさは、株式市場の相場以外にも、株式公開ブームの度合い、未公開企業投資連中のコミュニティの空気に大きく影響されます。

したがって起業家は、株式相場に敏感になる必要があるのです。

このように増資時の株価は、その時々の内部外部の状況に左右され、投資家と起業家の力関係できまり、定まった公式はありません。ただ、起業家としては、このようなさまざまなパターンや仕組みを知った上で交渉に臨むのが大切なのです。

未公開企業の株価に関する無理解を正す

よく日本における未公開企業への投資判断で株価が原株の何倍だから割高・割安という表現がありますが、あれは本質的にはナンセンスです。たとえば、「原株5万円の2倍、つまり一株10万円だから妥当な線だろう」といった表現です（以前は創業時の株価は5万円と商法で決まっていましたが、商法改正で今は自由な価格設定が可能です）。

同じ株価、株数でも、投資家にとっては今までの発行済み株数によって意味合いは全く異なります。なぜなら、同じ予算で取得できる株式シェアがまるで違うからです。

たとえば5000万円の予算で、1株10万円で500株買う、といっても、すでに5000株を発行している会社の場合、シェアは5500分の500で、9％にしかなりません。一方、まだ500株しか発行していない会社ですと、1000分の500で50％になり、いきなり支配権を握るシェアとなります。

このように増資が終わるまでは、お互いに腹の探り合いをすることになります。しかし晴れて増資が実行されれば、起業家と投資家は、新事業の成功を夢見る同志になるというわけです。

補足ですが、ネットエイジグループのキャピタル部門であるネットエイジキャピタルパートナーズでは、「増資ドットコム」というサービスで、まさに起業家の増資のお手伝いをしています。必要な戦略上の論点を洗い出し、VCにいかに魅力的に会社を見せるかをアドバイスし、適切な株価での増資に成功したら成功報酬フィーをいただく仕組みです。

ご興味があれば、ウェブサイト www.zoushi.com をご覧ください。

第3部

起業は楽しい!

ネットエイジ・ストーリー

前編

サラリーマンの私が30代で起業した理由

本書ではこれまで、「起業は楽しく有意義なことです」「だからやる気のあるみなさん、起業をいたしましょう」「起業に際しての心構えと指針は、わたくしがお教えしますから」というテーマで話を進めてきました。

とここまで書くとやはり、私自身のケーススタディを開陳する必要があるでしょう。リアルなケーススタディは、読んでいて一番面白いものです。とりわけ、私の会社ネットエイジの創業期は、日本のネットビジネスの黎明期とシンクロしていますので、ネットビジネスに興味のある方には役に立つことも多いはずです。

とはいっても、かなり「ハチャメチャ」な展開です。だから、これをマネすれば起業は成功する！　とそのままお勧めすることはとてもできません。あくまで、「西川潔はどんな道筋でネットエイジをつくりあげたのか？」、その点についてかいつまんでご説明いたします。

ちなみに現在は、起業についてのインフラも私が起業した90年代後半よりはるかに進歩し、より確実な起業方法が整備されています。それを差し引いてお聞きください。

“東大くん”がドロップアウトした！

私は、進学校の一角を占める武蔵中学・高校を経て東大に入り、卒業後はKDD（現：KDDI）に入社しました。そこまではいわゆる優等生的な、エリートコース的な人生を歩んでいたと言えるでしょう。

けれど、どうも燃えなかった。

自分でいうのも変ですが、そういうエリートコースに乗る生き方とか、学歴主義というものに妙な怒りを感じていた。

そこで、思い切ってKDDを辞め、学歴も何も関係ない外国で働いてみようと思い、英字新聞の求人欄で見つけた職を頼りに1年半、ヨーロッパに滞在しました。いわゆるエリートコースからのドロップアウトです。

親、ですか？　大いに嘆きましたね。

その後、アーサー・D・リトルというコンサルティング会社に転職し、米国本社（マサチューセッツ州ケンブリッジ）に1年間、トレーニーとして派遣されました。1990年のことです。そこで若い優秀な同僚が会社をやめて起業していくのを見て、初めて起業に興味を持ちました。

その後、忙しい毎日の中で、起業願望は強くなることもあれば、ほとんど忘れてしまっていることもありました。そもそも、何のビジネスで起業したらいいのか、これというテーマもない状態でしたから。起業なんてまるで雲をつかむような話でした。

そんなときも、頭の隅っこにぼんやりとですが通信関連のビジネスで起業するイメージが浮かんでいました。というのは、私はパソコン通信・ニフティの初期ユーザーで、パソコン通信には相当、はまっていた時期があったからです。まだインターネットが商用化される前の話です。

それから、勤めていたコンサルティング会社のお客さんのアメリカ企業が日本法人をつくるのを手伝ってそちらに移籍しました。そうこうしているうちに「ウィンドウズ95」が発売され、前よりはるかにラクに家庭からインターネットに接続できる時代が来ました。インプレスから『インターネットマガジン』が創刊され、何やら、新しい時代の夜明け前といった雰囲気が高まってきました。

そんなとき、米アメリカン・オンライン（ＡＯＬ）の日本法人ができるという話を聞きました。

「よしこれはチャンスだ！」

そう思い立って、私はその創立準備会社に滑り込みました。

ＡＯＬ日本法人の立ち上げに奮闘した後、マーケティングディレクターの職に就いた私は、毎日、米国のネットビジネスの情報に触れることになりました。１９９５年にネットスケープが上場。96年にはヤフー、97年にはアマゾン・ドット・コムと、立て続けに後のスタープレーヤーたちが上場していきました。

空前絶後のチャンス到来

こうした状況を横目で見て、私は思いました。

「この流れはきっと日本にも来る！　これは僕にとって空前絶後の起業チャンスかもしれない！」

そう考えると居ても立ってもいられません。97年の夏、私はついに起業を決意しました。

問題は資金です。手持ちのお金は５００万円くらいしかありません。全部投げ打っても、有限会社しかできません。そこで、友人・知人に出資を仰ぎ、また父親に借金を頼み込んで、ようやく98年2月、資本金１５００万円でネットエイジを創業したのです。

山一證券の破綻からほんの数ヵ月後、日本経済は金融不況の嵐が吹き荒れ、世間的にはとても起業をするような空気ではありませんでした。

中編

ガレージベンチャーからの出発

こうしてようやく創業したものの、何しろお金も知名度も何もありません。創業時には、「インターネット応用ビジネスを連続的に手がける」という趣旨と、ビジネスアイデアを20個ほど列挙した目論見書があっただけで、具体的に何をやるかが決まっていませんでした。

今から考えると嘘のようですが、本当の話です。

その目論見書というのも、

「インターネットの時代が来る！　ビジネスチャンスは無限！　米国での大きな波が日本に押し寄せるのも間近！　今考えている20のビジネスアイデアはこれ！　これらを調査して、プライオリティをつけて次々にスタートする！」

みたいな内容です。

情熱だけが先走った、ビジネスプランとも言えないお粗末なもの……。今思い起こすと、よくこれで出資者が見つかったものだと、冷や汗が出ます(^^;)。

それでも、「西川、お前がやるなら、これくらいなら出すよ」と餞別代わりに出資してくれた友人が多かったようです。ありがたいことです。

ただ、私もまったく無鉄砲に起業したわけではありません。米国にも同じようなことを実行している企業があることを知っていました。それはアイデアラボ（http://www.idealab.com/）という会社です。インターネットビジネスを連続して開発・事業化し、スピンオフする企業です。私の創業目論見書にも、アイデアラボのことは引用されていますので、ある程度のモデルイメージはあったのです。

私以外は全員学生アルバイト！

当時はまだインターネットビジネスの黎明期。出資をしてくれた友人・知人はいても、さすがに会社をやめて同志としてついてきてくれるひとはいませんでした。

創業メンバーは私と一橋大学の学生プログラマー1人、そして、庶務などをやってもらうために近所に住んでいた友人の奥さんという布陣。社長1人、正社員ゼロ、アルバイト2人というささやかなスタートでした。

自分の有り金全部と、20人の友人から集めた資本金は何とか1500万円。自分の給料をAOLジャパンで働いていた頃の半額以下にしましたが、それでも正社員はコスト面から採用できませんでした。そのかわり、10人ほどの学生アルバイトが入れ替わり立ち替わりやって来ました。正社員並みの仕事内容なので、インターンと呼んでいました。

大企業がインターネットにまともに取り組む前の時代です。インターネットに関する情報も技術も、大企業に勤めているひとより、新しいもの好きの理科系の学生の方がむしろ詳しいぐらいでした。

文科系の学生は、何かやらかしたい、何か面白そうだ、と感じて入って来てくれたのでしょう。こうして集まった学生たちの中に、逸材がたくさんいました。

S君はまれにみる天才肌のプログラマーでした。Kさんは素晴らしい営業ウーマンでした。また、K君という東大の1年生は、当社で初めてプログラミングを覚え、みるみるうちに凄腕プログラマーになりました。

本当に不思議なくらい、多くの〝金の卵〟が集まってくれたものです。卒業とともに一流企業に就職したひとも多いですが、何人かは今も当社の正社員として働いています。

なつかしの超おんぼろオフィス

起業家のささやかな特権のひとつに、予算内で自分の好きな場所にオフィスを構えられることがあります。

私は、当時住んでいた吉祥寺から便利な場所、学生アルバイトをあてにしていたので学生に好まれ彼らが集まりやすい場所、また賃料が安い場所という条件から、渋谷の隣の神泉という小さな駅の周辺を探し、家賃13万円の小さなオフィスを選びました。

住所は渋谷区松涛。そう、超高級住宅地で知られる松涛です。でもゴージャスなのは住所の名前だけ。私たちのオフィスは、「え？　ここもほんとに松涛なの？」というくらい皆さんのイメージを裏切る場所でした。

東急百貨店本店の裏にある、古びた3階建てのビルの2階で、エレベーターもなく、外階段で上がっていくという〝超おんぼろオフィス〟で1階に院を構えるかなり高齢の歯医者さんが大家さんでした。

ドアを開けると台所があり、その奥に6畳の畳の部屋が2つ。お風呂もありましたから、徹夜の時は便利でした。オフィス家具は全部中古屋で買って自分のワゴン車で運びました。道端に捨

会社の創立総会（株主のみなさん）。

ててあった喫茶店用の古い椅子を拾ってきて使うことにしました。パソコンは当然自作。押し入れを改造し机にしていました。

すべて、超節約感覚、Do it yourself 感覚。いやはや、すごいガレージベンチャーでした。あの頃から比べると、今はずいぶんまともになりました。あのころからいったいどうやってここまで来たのか、不思議なくらいです。しかし、あのころが無性に懐かしくなる時があります。まさに「ぼろは着ていても心は錦！」の状態でした。

お金はからっきしないけれど、夢だけはでっかく持っていた青春の日々のような懐かしさがあります。

現在のネットエイジ

飛躍をつかんだメールマガジン「週刊ネットエイジ」

創業第1号の仕事は、富士通総合研究所という富士通のシンクタンクから受注しました。「米国のインターネットビジネスをプロファイリングする」という仕事です。富士通総研がネット上でこの仕事がこなせる会社を募集しているのを見て応募し、見事勝ち取りました。

もっとも金額は1件プロファイルすると1万5000円というかわいらしい仕事でした。これを述べ300件くらいやったでしょうか。皆でひたすら、米国のWebビジネスを見まくりました。

けれども、この仕事を経験したことが、後に私たちネットエイジが「インターネットビジネスおたく」になれたきっかけでした。そして、そのエッセンスをのちに「週刊ネットエイジ」というメールマガジンで毎週発行したのです。当時、そのような情報源がなかったことも幸いし、口コミでどんどん読者を広げ、3000人ほどに読まれるまでになりました。

日本初のネットビジネスM&Aを成功させる

週刊ネットエイジは、いまでも当社のホームページのアーカイブ（http://www.netage.co.jp/contents/magazine/magazine.html）で公開しています。もちろん、内容は今となっては古いですが、あのころの熱気は伝わります。ちなみに、日本中で有名になったかの「ビットバレー宣言」もこの週刊ネットエイジで発表したものです。ビットバレーについては、また稿をあらためて書きましょう。

この週刊ネットエイジの読者の中から、『ホットワイヤード』などで有名な松山太河君など、その後、当社の屋台骨になってくれた初期メンバーが参集してくれました。こちらがリクルート活動することもなく、いろいろな逸材が集まって来てくれました。中にはアンダーセンコンサルティング（現アクセンチュア）の高給を捨ててまで、当社に来てくれたひともいます。

また、グローバルメディアオンライン（GMO）の熊谷正寿さん、サイバーエージェントの藤田晋さんなど、今は公開企業の社長になった人々もわざわざ「週刊ネットエイジ」を読んで当社を訪ねてきてくれました。

そして、創業時に作った20のアイデアのひとつであるオンライン自動車見積もりサイト「ネットディーラーズ」を開発。無謀にもヤフーに直接乗り込み、数ヵ月かかって売り込みに成功しました。かくして、日本初のオンライン自動車見積もり総合サイト「ネットディーラーズ」が始まったのです。

この事業はソフトバンク系のカーポイント社に短期間で買収されました。その売却金額で会社の創業時のキャッシュ危機を乗り越えました。

実はこれが日本のインターネットビジネスでのM＆A（企業の買収・合併）第1号です。当社はこのM＆Aで得たお金を大事に使いながら、その後10以上のビジネスを立ち上げてスピンオフ（独立会社化）し、現在に至っています。

ネットエイジがインキュベートしたビジネスには、当社内で発案したものもありますが、学生や若い社会人が副業的にやっていたネットビジネスの原型を助けて、大きく育てた例も少なくありません。たとえば、20代前半の河野吉宏君のやっていたFreeML（http://www.freeml.com/）、当時東大4年生の笠原健二君のFind Job!（http://www.find-job.net/）、CSKのサラリーマンの小澤隆生さんのBizseek（http://www.easyseek.net/）などです。

また、当社の社員として入社した後、スピンオフして起業家としての道を歩んでいるひともいます。アクシブドットコムの尾関茂雄君、アルトビジョンの椎葉宏君、プロトレードの小野壮彦君などです。ある意味、当社はネット起業家およびその志望者の梁山泊のようなところになっていったのです。ちょうど、漫画界における「トキワ荘」のように。

現在､当社から巣立っていった会社の合計売上高は月7～8億円強くらいでしょうか。年商ベースで約80億円の規模になりました。もっとも、私たちが作ったのはあくまで最初の苗木の部分であり、その後、増資や他のネット企業とのジョイントベンチャーの形で肥料を得ながら成長していきました。これらの会社の合計社員数は500人くらいにはなっているでしょう。つまり日本の雇用にも多少貢献していることになります。

――以上が私の起業ストーリーです。

当時は、創立時にベンチャーキャピタルを利用することなど、思いも寄らないことでした。資本政策、資金集めのノウハウもゼロ。全くの徒手空拳の創業でした。ここまで来られたのは、ひとの縁に恵まれたことと、タイミングが良かったこと、そして不思議な幸運以外の何物でもない、と思います。でも、きちんとした起業ノウハウを知っていれば、もっとスムーズに展開できたのに、と今でも悔しい思いをすることもあります。

幸いなことに、この5年間に起業を取り巻く制度、インフラは大きく進展しました。きちんとステップを踏めば、私のような苦労をせずに起業できる道が開かれています。これから起業する皆さんには、本書に書いたノウハウを身に着け、もう少しきちんとリスク管理することをお薦めしたいと思います。

番外編

ビットバレー宣言とネットバブル崩壊、そしてネットビジネスの未来

ビットバレーという言葉をお聞きになったことはあるでしょうか? 東京の渋谷周辺エリアに多く集うネット関連ベンチャーのコミュニティのことです。実は私が名づけ親です。

狭義の意味でのビットバレー活動は休止されましたが、いまでも渋谷周辺では、ネット関連ベンチャーの活発な企業活動がおこなわれています。いまでもこのあたりをビットバレー地区と呼ぶひともいます。

ビットバレーは、いまから5年前の1999年3月、私をふくむ数人の人間がその構想を発表し、話題を呼びました。この運動は、ちょうどその直後に発生したいわゆる〝ネットバブル〟現象と時期が重なり、多くのマスコミがこのふたつを同じ文脈で報道したこともあり、ネットバブルの崩壊とともにビットバレーはわずか1年で幕引きを迎えるという結末に終わりました。

いまでは懐かしくも苦々しい思い出の言葉となっていますが、当時のエピソードを書いてみることにします。

わがネットエイジが作ったオンライン自動車見積もり総合サイト「ネットディーラーズ」売却の合意が成立した頃、私と小池聡（ネットイヤーグループ創業者で、現在、私とともにネットエイジグループの代表取締役）は「ビットバレー構想」を発表しました。発表の場は当社のメールマガジン「週刊ネットエイジ」。1999年3月11日のことでした。

「ビットバレー」は、カリフォルニアのシリコンバレーや、ニューヨークのシリコンアレーに範を取って、ITベンチャーの生態系を作ろうという構想でした。ITベンチャー、その志望者、投資家、弁護士などが有機的に連携しながら、相互扶助していこうというまじめで高邁なる志をもった内容です。

名前は私がつけました。多くのネットベンチャーがなぜか渋谷周辺に集積していたため、渋谷を英語に訳して「渋い谷＝Bitter Valley」としたわけです。もちろん、シリコンバレーを意識した一種のしゃれです。

本当は、Bitter の意味は渋いではなく、苦いですが、渋いにあたる英語は astringent という単語らしく、誰も知りません。そこで、まあ、似たような意味だからいいや、というアバウトさで Bitter Valley としました。

そして、メーリングリストを立ち上げたところ、数日間で400人くらいの規模になり、活発

石原都知事も「視察」に来られました。

盟友小池聡と私が英語
雑誌の「ビットバレー」
特集のカバーに。

な議論や情報交換が交わされるようになりました。

最初の議論のテーマは名称でした。Bitterという英語にはツライという意味があるので、変更しよう、というのです。そこで、BitterをBitに短縮し、デジタルの意味を持つBitに変更しました。そして「ビットスタイル」と名づけたオフ会を月1回実施することにしました。

メーリングリストもオフ会も順調に成長していった99年6月、ソフトバンクの孫正義さんによる「ナスダックジャパン構想」が発表されました。思えばこれがネットバブルの始まりだったように思います。

日本にも短期間で上場できる市場が突然登場することになり、これを契機に、ベンチャーキャピタル（VC）各社が「投資させてくれ」と怒涛のようにネット企業に押し寄せました。そして、東京証券取引所もナスダックジャパンに対抗するかのように、「マザーズ」市場を創設。99年12月に上場第1号を果たしたインターネット総合研究所とリキッドオーディオジャパンの株価は大暴騰し、世に言う「ネットバブル」の状況が起きたのです。

「ネットバブル」に関する私の意見

２０００年2月2日、六本木ベルファーレで行われたビットスタイルには報道各社が多数参加し、各種メディアに大いに取り上げられました。孫正義さんがダボス会議を途中で退席し、３０００万円のチャーター機でかけつけたことでも話題になりました。あの時の孫さんのスピーチに酔ったベンチャー関係者も多かったと思います。

しかし、ビットバレーの新入りメンバーたちの中には、短期のうちに株式公開（ＩＰＯ）を目指す一攫千金狙いの輩も増え始めました。また、ネットバブルにビットバレーの活動がダブって報道されるようになりました。

「いけない、これはわれわれの目指すところと違う方向に行ってしまった」

そう考えたビットバレーの運営側は、一気に幕を下ろす決断をしました。２０００年2月末のことです。

こうして、ビットバレー活動はわずか12ヵ月という短命に終わりました。提唱者の私としては、残念な気持ちがなかったと言えばうそになります。

この本を読んでいるみなさんに、改めてひとことだけ言わせてください。ビットバレー活動は、多くの有能で大志ある若者の心に起業という人生の選択肢を刻み込んだという点で、非常に意義深かったと私は今も思っています。

実際、ビットバレーの仲間たちの中から、グローバルメディアオンライン（ＧＭＯ）、楽天、ライブドア、サイバーエージェントなど、既に20社以上が上場し、日本の経済の一翼を担う存在になっています。

●インターネット業界はまだ日が昇り始めた午前6時半

ネットバブルは、いってしまえば株式バブルでした。本当のビジネスとして、インターネットビジネスが開花するのは、実はこれからだと思います。１日の時刻にたとえれば、インターネット業界は今、日が昇ったばかりの午前６時半といったところではないでしょうか。

２００２年から２００４年にかけて、ＡＤＳＬなどのブロードバンドユーザーが急増。ネットビジネスは莫大なファンダメンタルズの改善を果たしました。それにともない、売り上げが急進しているネットベンチャーも数多いのです。実際、当社のポートフォリオも次々に黒字化を達成しています。まさにインターネット応用ビジネスはようやく開花期を迎えつつあると言えるでしょう。

「ネットバブルの崩壊」という言葉は耳にタコができるほど聞かされましたが、それはあくまで「ネット関連株価」の下落の話です。インターネットそのものがすたれたのではないことは、皆さんも実感しているはず。すたれるどころか、今後ますます世の中の隅々に応用され、使われていくことは容易に想像できますよね?

実際、ネット企業の株価も2001年から2003年春までの暴落期・低迷期を経て、2003年夏ごろから長期に渡って復活の動きを見せています。産業としてもようやく黎明期を終え、発展期に向かいます。インターネットはおそらく、われわれのライフスタイルを変えていく原動力となる産業として、今後さらに社会に影響力を増していくでしょう。

そして、新しいメディアであるインターネット業界の主役はやはり若いひとたちです。渋谷周辺の「土地の風」は若いひとたちにフィットしているのでしょう。彼らがいまでもビットバレーでがんばっているのもまた事実です。

富士通総研の調査によると、東京のネット関連企業600社のうち380社が渋谷周辺の半径2キロメートル圏内にオフィスを構えているそうです。これは大変な集積度といえましょう。

実際、オフィスが近いと顔をあわせてのミーティングも大変便利で、産業クラスター化のメリットは日々実感しています。

ビットバレーというネーミングが定着するかどうかはわかりませんが、名づけ親としては、この地区が引き続き、日本のインターネットビジネスの創業のメッカとなり続けることを願いたいです。

あとがき

私がこの本で申し上げたかったことはひとつ。

「自分で会社を興すことは、それほど特別なことではない。ステップを踏めば、確実に可能になっていく。またリスクもとれる範囲でコントロールできる。資金もちゃんとやれば調達できる。心に期するところのあるひと、我こそは、と思うひとは怖がらずにやってみよう」ということです。

ただし、誰もが起業に向いているというわけでは、もちろんありません。人間にはそれぞれ分相応な役割があります。起業家という人種は、やはり平均的な日本人とはいろいろ価値観が異なるような気がしますし、当然向き不向きはあります。どんなひとが向いているのかはこの本の第1部をお読みいただければわかるかと思います。

とにかく日本にはまだまだ起業家が不足しています。幸い、そんなひとを後押ししようという仕組みも整備されつつあります。日本経済が大物起業家の出現を待ち望んでいるのです。ですから、我こそはと思うひとは、ぜひ起業を志していただきたい。もちろん、起業にはうまみもたっぷりあります。

そうです、「起業は楽しい」のです！

「そんなに気楽に起業をすすめるのは無責任じゃないか。失敗したらどうしてくれるんだ？」と問いかけるひともいるかもしれません。しかし、起業するという決断は、完全に自己責任においておこなわれるべきことです。成功も失敗も全部自分に起因します。

そもそも「失敗したらどうしてくれるんだ？」と問いかけるようなタイプのひとはおそらく起業しないでしょう。逆に、自分の人生を自分で舵取りしたい、一時的な失敗も成功への道程として味わいたい、と強烈に思うひとが起業家になるのだと思っています。

いいですか。「失敗」は「敗北」とは違います。

いまの「失敗」は将来の「成功」への1ステップなのです。

アマゾン・ドット・コムのジェフ・ベゾスの「後悔極小化思考」とは？

かつて私は、アマゾン・ドット・コムの創業者ジェフ・ベゾスにシアトルで直接会ったことがあります。

ネットエイジがモデル
にしたアイデアラボ社
をロサンゼルスに訪
ねる。

あこがれのアマゾン創業者ジェフ・ベゾス
にシアトルの本社で会う!

ジェフは、私にとって、インターネットビジネス界の最高のヒーローでした。私たちはアマゾン・ドット・コムの日本進出をお手伝いしたいという趣旨のメールを書いて、会いに押しかけたのです。１９９8年の秋のことでした。余談ですが、その結果、私の相棒の西野伸一郎君がアマゾン・ジャパンの立ち上げメンバーの一人になりました。彼はアマゾン立ち上げを成功させたあと、雑誌のEコマース「Fujisan.co.jp」を創業しました（当社ポートフォリオです）。

ジェフは30歳のとき早くもD.E.Shawというヘッジファンドのシニアバイスプレジデントでした。つまりニューヨークで羽振りのいい生活をエンジョイしていたのです。それなのにそのような生活を捨て、妻と犬とでシアトルをめざし、アマゾンを創業。そして、現在の大成功に到っています。

そのジェフがある雑誌に語っていたインタビューの内容はとても面白く示唆に富むものでした。簡単にまとめるとこうです。

Qなぜ裕福なニューヨークの生活を捨て、ゼロからアマゾンをやろうと決意されたのですか？

Aインターネットが急速な勢いで伸びているのを目の当たりにしたとき、ぼくはregret minimization frameworkという考え方を自分に信じ込ませたんだ。つまり、自分が80歳くらいになって死の床で自分の人生を振り返ったとき、後悔することがもっとも少なくなるように生きよう、と。投資銀行での業績や期末のボーナスがどうのこうのとかそんなことを、いまは一喜一憂するけれど、80歳になったら全く覚えているわけないんだ。でも、もしこのインターネット革命の波に乗れる立場にいたのに、乗らずに80歳を迎えたとしたら、悔やんでも悔やみきれないほど『自分はアホだった』と後悔するに違いないと確信したのさ。そうなったらぜんぜんリスキーなんて思わなくなった。すぐ行動したよ。

なるほど、と思いませんか。

「なにがイヤだって、せっかくのチャンスをみすみす逃して後から後悔するのが一番イヤだね」

ベソスのこの考えは私も大好きです。そういえば楽天の三木谷社長も、日本興業銀行のエリート銀行員をやめて楽天をつくるとき、「自分はリスクテイカーではなく、リスクアバーター(averter—回避者)だ」と言っていました。

三木谷社長の言うリスクとはもちろん創業した会社がうまくいくかいかないか、というリスクでありません。チャンスを生かして起業することなくあとで人生を後悔するリスクのことです。そんなリスクこそ徹底的に避けたい、そう言っているわけです。

ベンチャーは、冒険です。未知なるものとの遭遇です。冒険はひとの心を躍らせます。結果がどうなるかわからない、だからがんばる。結果を出そうと必死になる。何かを成し遂げようという情熱的な時間に価値を見出す。

どうです。血沸き肉踊りませんか？　そう思うのでしたら、最後にもう一度申し上げます。

あなたも、起業家になりませんか？

ちなみに、あなたがインターネット応用分野での起業をお考えなら、ご縁があれば当社ネットエイジでも創業の立ち上げをお手伝いしますのでメールにてご連絡ください（info@netage.co.jp）。

本書はＣＮＥＴジャパンの連載「起業家というキャリア」をもとに大幅に加筆したものです。出版にあたっては、日経ＢＰ社出版局の柳瀬博一さんにお世話になりました。また、起業という人生最大のわがままを許してくれた家族と創業資金をすこしお世話になった両親に感謝します。

そして読者のみなさん、最後まで読んでいただいて、ほんとうにありがとうございました。

あなたの起業に神様のご加護がありますように！　Good luck and good bye !

●ネットエイジグループについて

1998年2月、本格的インターネットビジネスの普及を予見し、「ネットの時代」を社名に冠し、ネット応用ビジネスの企画・開発・育成を業として創業。現在まで20以上のビジネスをプロデュースし、その半数以上をスピンオフして新会社設立。並行して、外部のスタートアップ期のベンチャーへの投資・育成も行う。楽天、ソフトバンクグループなどの有力企業に対し、過去7件のM&A実績あり。常に積極的にネット起業家志望者を募っており、将来独立を夢見る起業家の卵が多数在籍。2004年、インキュベーション事業・連結事業を担当する(株)ネットエイジと、投資事業を担当するネットエイジキャピタルパートナーズ(株)を傘下にもつ純粋持ち株会社ネットエイジグループに改組。

150-0044 渋谷区円山町23-2 アレトゥーサ渋谷ビル
www.netage.co.jp　tel: 03-5459-2255

グループ内で株式を所有するネット企業は以下のとおり。
(2005年1月、社名あいうえお順、★印は弊社からのスピンオフ創業または創業時出資)

株)アイブロードキャスト　www.ibro.co.jp
株)アクシブ・ドットコム　www.axiv.com ★
株)アクセスポート　www.accessport.jp
株)アルトビジョン　www.altovision.co.jp ★
株)アレカオ　www.arekao.jp ★
株)イートスマート　www.eatsmart.jp/ ★
株)イーバンク　www.ebank.co.jp
株)イーマーキュリー　www.emercury.co.jp ★
株)オークセール　www.aucsale.co.jp
GMOメディア&ソリューション(株) www.gmo-ms.jp ★
株)ジョブウェブ　www.jobweb.ne.jp
株)データセクション　www.datasection.com ★
株)ティーエイチアイ　www.kenki.tv
デジタルネットワークアプライアンス(株) www.dnainc.co.jp
Ninja Mobile, Inc. (米国)　www.ninjamobile.com
ネットイヤーグループ(株) www.netyear.net
株)ネットマイル　www.netmile.co.jp ★
株)ビーエムティー　www.bmt.jp
株)PE&HR　www.pehr.jp
株)ファイブデジスター　www.5digistar.co.jp
株)富士山マガジンサービス　www.fujisan.co.jp ★
株)ライフバランスマネジメント　www.lifebalance.co.jp ★
株)ゆびとま　www.yubitoma.co.jp
株)ライフオン　www.life-on.co.jp
株)ライブレボリューション　www.live-revolution.co.jp

●著者紹介
西川　潔　株式会社ネットエイジグループ創業者／代表取締役社長
東京都出身、東京大学教養学科国際関係論コース卒。KDDI、アーサー・D・リトル、AOLジャパン等を経て、1998年、株式会社ネットエイジを創業。2004年、純粋持ち株会社「ネットエイジグループ」に改組。100％子会社2社と、その傘下の約20社のポートフォリオをもつグループを率い、代表取締役社長をつとめる。日本における起業経済の興隆の必要性をテーマとした執筆・講演多数。デジタルハリウッド大学大学院客員教授。世界的な起業家組織であるYEO／WEO会員。

起業は楽しい！
21世紀ニッポンの起業家人生入門

2005年3月14日 初版第1刷発行

著　　者　西川　潔
編集協力　小林　佳代
ブックデザイン　テンタス
発 行 者　斎野　亨
発　　行　日経BP社
発　　売　日経BP出版センター

〒102−8622
東京都千代田区平河町二−七−六
電話　〇三（三二二一）四六四〇（編集）
　　　〇三（三二三八）七二〇〇（販売）
http://store.nikkeibp.co.jp/
印刷・製本　株式会社 中央精版印刷

ISBN4-8222-4439-3